Deutsche Menüs

Abkürzungen

EL	Esslöffel	l	Liter	kcal	Kilokalorien
TL	Teelöffel	ml	Milliliter	kJ	Kilojoule
Msp.	Messerspitze	cl	Zentiliter	EW	Eiweiß
Bd.	Bund	gestr.	gestrichen	F	Fett
kg	Kilogramm	geh.	gehäuft	KH	Kohlenhydrate
g	Gramm	TK	Tiefkühl...	1 kJ = 0,239 kcal	
mg	Milligramm			1 kcal = 4,184 kJ	

Rustikaler Salat

Für 4 Personen:
200 g gemischter Blattsalat (z. B. Feld- und Friséesalat)
100 g gekochter Schinken
100 g Gruyère
100 g Champignons
1/2 Stange Lauch (weißer Teil)
1/2 Bd. Schnittlauch
1 TL scharfer Senf
1 TL Honig
4 EL Weinessig
6 EL Traubenkernöl
Salz
Pfeffer aus der Mühle

Die Blattsalate kalt waschen, putzen und in einem Küchensieb abtropfen lassen oder trocken schleudern. Anschließend Blätter in mundgerechte Stücke zupfen. Gekochten Schinken und Gruyère in Streifen schneiden.

Pilze putzen, mit feuchtem Küchenpapier abreiben und in dünne Scheiben schneiden. Lauch putzen, gründlich waschen und in ca. 1 cm breite Ringe schneiden. Wasser aufkochen und den Lauch damit überbrühen. Dann gut abtropfen lassen.

Die vorbereiteten Salatzutaten gut miteinander vermengen und auf 4 Salatschüsseln verteilen. Schnittlauch waschen, trocken schütteln und in Röllchen schneiden.

Senf mit Honig, Essig, Traubenkernöl und 2–3 EL Wasser kräftig verschlagen. Mit Salz und frisch gemahlenem Pfeffer abschmecken. Das Dressing über den Salat träufeln und mit Schnittlauch bestreut servieren.

TIPP

Die Champignons nach Möglichkeit nicht waschen, da sie sonst Wasser ziehen. Bei Kulturpilzen reicht es aus, wenn man sie mit einem feuchten Tuch abreibt. Wildpilze dagegen sollten vorsichtig, aber gründlich gewaschen werden.

Zubereitungszeit: **35 Min.** Nährwerte pro Person: **278 kcal, 1163 kJ, 18 g EW, 21 g F, 4 g KH**

Rustikaler Salat

Kalorien ●●

Zubereitungszeit 🕒🕒

Zubereitung einfach

Vorbereitung Zubereitung direkt vor dem Servieren

Krautsalat mit Kümmel und Speck

Für 4 Personen:
1 kleiner Weißkohl
1 Zwiebel
100 g Räucherspeck
2 TL Kümmel
4 EL Weißweinessig
3 EL Pflanzenöl
100 ml Fleischbrühe
Salz
Pfeffer aus der Mühle

Äußere Blätter vom Weißkohl entfernen, Kohlkopf vierteln, Strunk keilförmig herausschneiden und Kohl auf dem Gemüsehobel oder mit der Küchenmaschine in feine Streifen schneiden.

Zwiebel schälen und fein würfeln. Anschließend auch den Speck fein würfeln. Speck in einer Pfanne goldbraun braten, herausnehmen und die Zwiebel im Speckfett glasig dünsten.

Kümmel, Essig, Öl und Fleischbrühe angießen, kurz aufkochen lassen. Die Mischung über den Weißkohl gießen, vermengen und ca. 1 Stunde durchziehen lassen.

Den Krautsalat mit Kümmel vor dem Servieren mit Salz und Pfeffer abschmecken und mit Speckwürfeln bestreuen. In Salatschüsseln anrichten und dann servieren.

TIPP
Um das Kraut etwas weicher zu machen, können Sie es vorab mit einem Kartoffelstampfer in einer großen Schüssel unter Zugabe von etwas Salz kräftig stampfen. Die austretende Flüssigkeit abschütten.

Zubereitungszeit: **30 Min. + 1 Std.** Nährwerte pro Person: **233 kcal, 975 kJ, 9 g EW, 16 g F, 13 g KH**

Krautsalat mit Kümmel und Speck

2

Kalorien ●

Zubereitungszeit ◷◷◷

Zubereitung einfach

Vorbereitung kann gut vorbereitet werden

Gemischter Salat mit gebratenen Pilzen

Für 4 Personen:
150 g Lollo bianco
150 g Friséesalat
100 g Löwenzahn
200 g Rettich
Salz
1 Knoblauchzehe
200 g gemischte Pilze (z. B. Champignons, Austern- und Shiitakepilze)
3 EL Sonnenblumenöl
Pfeffer aus der Mühle
50 ml Gemüsebrühe
2 EL Weißweinessig
2 Stängel Dill

Lollo bianco und Friséesalat waschen und putzen. Blätter in mundgerechte Stücke zupfen und in eine Salatschüssel geben. Löwenzahn waschen und dicke Blattrippen abschneiden. Grob zerpflücken und zum restlichen Salat geben.

Rettich schälen und in dünne Fäden hobeln. In ein Schälchen geben, mit Salz bestreuen und 5 Minuten ziehen lassen. Dann das gezogene Wasser abgießen.

Knoblauch schälen und hacken. Pilze mit Küchenpapier abreiben und Stielenden abschneiden. Pilze in mundgerechte Scheiben schneiden.

Sonnenblumenöl in einer Pfanne erhitzen und Pilze unter häufigem Rühren braun anschwitzen. Knoblauch dazugeben und unterrühren. Würzig mit Salz und Pfeffer abschmecken. Herausnehmen und auf den Salat geben.

Den Bratensatz in der Pfanne mit Gemüsebrühe ablöschen, den Weißweinessig zugeben und umrühren. Rettich dekorativ auf dem Salat anrichten. Dill waschen, trocken schütteln und die Dillspitzen abzupfen.

Den gelösten Bratensatz über den Salat mit Pilzen träufeln. Das Ganze mit den Dillspitzen garnieren und dann sofort servieren.

Zubereitungszeit: **30 Min.**

Nährwerte pro Person: **124 kcal, 519 kJ, 4 g EW, 11 g F, 3 g KH**

Gemischter Salat mit gebratenen Pilzen

3

Kalorien ●

Zubereitungszeit 🕒🕒

Zubereitung einfach

Vorbereitung Zubereitung direkt vor dem Servieren

Kartoffel-Gurken-Salat

Für 4 Personen:
500 g kleine festkochende Kartoffeln
1 kleine Zwiebel
4–5 EL getrocknete Cranberrys
1/2 Zitrone (unbehandelt)
4 EL Apfelsaft
1 Salatgurke
150 g Joghurt
2 EL Sonnenblumenöl
Pfeffer, Salz, Kümmel
1 Bd. Petersilie
1 EL Walnusskerne

Kartoffeln waschen und mit der Schale 15–20 Minuten kochen. In der Zwischenzeit Zwiebel schälen und fein würfeln. Die Cranberrys grob hacken.

Zitrone heiß waschen, trocken reiben, Schale fein abreiben und Saft auspressen. Saft und Schale mit Zwiebeln, Cranberrys und Apfelsaft mischen. Alles zusammen einmal kurz aufkochen, dann vom Herd nehmen.

Gurke schälen, längs vierteln, Kerne herauskratzen und die Viertel in dünne Scheiben schneiden. Cranberrymischung mit Joghurt und Sonnenblumenöl glatt rühren. Das Ganze mit Pfeffer, Salz und 1 Prise Kümmel würzen.

Petersilie waschen, trocken schütteln und Blättchen nach Geschmack grob hacken. Walnusskerne hacken und in einer Pfanne ohne Fett rösten, bis sie duften.

Die Kartoffeln abgießen, kurz ausdampfen lassen, pellen und in dünne Scheiben schneiden. Kartoffelscheiben mit Gurke, Petersilie und Joghurtsoße in eine Salatschüssel geben und alles locker vermengen.

Den Kartoffel-Gurken-Salat einige Minuten durchziehen lassen. Dann mit den gerösteten Walnusskernen bestreuen und servieren.

Zubereitungszeit: **30 Min.**   Nährwerte pro Person: **216 kcal, 904 kJ, 5 g EW, 7 g F, 35 g KH**

Kartoffel-Gurken-Salat

Kalorien ●

Zubereitungszeit 🕓🕓

Zubereitung einfach

Vorbereitung Zubereitung direkt vor dem Servieren

Bohnensalat mit Bergkäse

Für 4 Personen:

Für das Fenchelbrot:
200 g Mehl
100 ml Bier
80 g saure Sahne
1/4 Würfel frische Hefe
1/2 EL Salz
1 EL Fenchelsamen
Mehl zum Bestäuben
1 EL Olivenöl

Für den Salat:
400 g junge dicke TK-Bohnenkerne
Salz
1 Kopf Endiviensalat
1/4 Bd. Bohnenkraut
1 Bd. Petersilie
2 1/2 EL Weißweinessig
1 TL Senf
120 ml Sonnenblumenöl
Pfeffer
200 g Allgäuer Bergkäse

Für das Fenchelbrot Mehl mit Bier, saurer Sahne, Hefe, Salz und der Hälfte der Fenchelsamen verkneten, bis der Teig nicht mehr klebt. Teig zu einer Kugel formen und mit Mehl bestäuben. Mit einem Tuch abgedeckt mindestens 4 Stunden gehen lassen. Teig auf einem mit Backpapier belegten Blech verstreichen. Den Fladen mit Olivenöl bepinseln, mit den restlichen Fenchelsamen bestreuen und 15–20 Minuten im 240 Grad heißen Ofen goldbraun backen.

Für den Salat die Bohnenkerne in gesalzenem Wasser 5 Minuten kochen. Dann abgießen und abschrecken. Salat und Kräuter waschen. Kräuterblättchen abzupfen. Die Hälfte der Kräuter zum Garnieren beiseitestellen.

2 EL Bohnenkerne mit 2 EL Wasser, Essig, Senf und Kräuterblättchen pürieren. Langsam das Öl einfließen lassen, bis ein cremiges Dressing entsteht. Kräftig salzen und pfeffern. Käse würfeln. Bohnen und Salat vermengen. Mit der Soße mischen und auf Teller verteilen. Mit Bergkäse und beiseitegestellten Kräutern bestreuen. Brot zum Salat reichen.

Zubereitungszeit: **35 Min. + 4 Std. + 20 Min.** Nährwerte pro Person: **809 kcal, 3385 kJ, 26 g EW, 59 g F, 42 g KH**

Bohnensalat mit Bergkäse

Kalorien ●●●

Zubereitungszeit 🕓🕓🕓

Zubereitung mittel

Vorbereitung kann gut vorbereitet werden

Krabbencocktail

Für 4 Personen:
125 g Stangensellerie
1/2 Bd. Rucola
1 rote Grapefruit
200 g Chicorée
1 Bd. Schnittlauch
1 Bd. Dill
100 g Crème fraîche
100 g Sahne
1 EL Tomatenketchup
2 EL Cognac
Salz
Cayennepfeffer
200 g gegarte, geschälte Nordseekrabben
200 g gegarte, geschälte Eismeergarnelen

Stangensellerie putzen, waschen und in sehr feine Würfel schneiden. Rucola waschen, trocken schütteln und grobe Stielenden entfernen.

Die Grapefruit mit einem scharfen Messer so schälen, dass die weiße Haut mitentfernt wird. Fruchtfilets vorsichtig auslösen und darauf achten, dass die Haut von den Grapefruitschnitzen vollständig entfernt wird. Die Filets in mundgerechte Stücke schneiden.

Chicorée putzen, waschen und die einzelnen Blätter vorsichtig vom Strunk lösen, dabei die Blätter ganz lassen. Schnittlauch waschen, trocken schütteln und in feine Röllchen schneiden. Dill ebenfalls waschen, trocken tupfen und feste Stängelenden abschneiden, dann fein hacken.

Crème fraîche, Sahne, Tomatenketchup und Cognac mit einem Schneebesen gut vermengen. Mit Salz und Cayennepfeffer abschmecken.

Sellerie und Grapefruit mit Nordseekrabben sowie Eismeergarnelen vermengen. Schnittlauch, Dill und die vorbereitete Soße unterheben. Chicoréeblätter dekorativ auf 4 Teller verteilen. Zuerst Rucola in die Schiffchen geben und dann den Krabbencocktail darauf anrichten.

TIPP
Servieren Sie hierzu frisches Weißbrot.

Zubereitungszeit: **25 Min.** Nährwerte pro Person: **324 kcal, 1356 kJ, 22 g EW, 17 g F, 15 g KH**

Krabbencocktail

Kalorien ●●

Zubereitungszeit ⏲⏲

Zubereitung einfach

Vorbereitung Zubereitung direkt vor dem Servieren

Kartoffel-Bohnen-Salat mit Forelle

Für 4 Personen:
1 kg kleine Kartoffeln
600 g grüne Bohnen
Salz
2 rote Zwiebeln
100 g Cremefine zum Verfeinern
75 ml Mineralwasser
2 EL weißer Balsamico-Essig
1–2 EL körniger Senf
Zucker
Pfeffer aus der Mühle
2 EL Pflanzencreme
200 g geräuchertes Forellenfilet

Kartoffeln waschen und in ca. 15 Minuten gar kochen. Dann abgießen und etwas abkühlen lassen. Bohnen waschen, putzen, in reichlich kochendem gesalzenem Wasser ca. 5 Minuten bissfest garen. Abgießen und kalt abschrecken. Zwiebeln schälen und in feine Ringe schneiden.

Cremefine und Mineralwasser verrühren. Balsamico-Essig und Senf dazugeben und glatt rühren. Das Ganze mit Salz, Zucker und Pfeffer abschmecken.

Kartoffeln schälen und bei Bedarf halbieren. Pflanzencreme in einer Pfanne erhitzen und Kartoffeln darin kross anbraten. Salzen und pfeffern.

Kartoffeln aus der Pfanne nehmen und mit Bohnen sowie Zwiebeln vermengen. Das Dressing darüber verteilen. Kartoffel-Bohnen-Salat mit geräucherter Forelle servieren.

TIPP
Anstelle von geräuchertem Forellenfilet kann man auch geräucherten Saibling oder geräucherte Renken für diesen Salat verwenden.

Zubereitungszeit: **40 Min.** Nährwerte pro Person: **336 kcal, 1406 kJ, 20 g EW, 11 g F, 39 g KH**

Kartoffel-Bohnen-Salat mit Forelle

Kalorien ●●

Zubereitungszeit 🕐🕐

Zubereitung einfach

Vorbereitung Zubereitung direkt vor dem Servieren

Wurstsalat mit Essiggurken

Für 4 Personen:
6 Regensburger Würste
150 ml Fleischbrühe, lauwarm
1 TL scharfer Senf
2 EL Rotweinessig
Salz
Pfeffer aus der Mühle
3 EL Keimöl
1 Zwiebel
4 Essiggurken
1/2 Bd. Schnittlauch

Die Regensburger Würste häuten und in dünne Scheiben schneiden. Dann in eine Schüssel geben.

Für die Marinade die lauwarme Fleischbrühe mit scharfem Senf, Rotweinessig, Salz und frisch gemahlenem Pfeffer vermengen. Das Keimöl unterrühren und alles über die Wurstscheiben geben. Das Ganze mindestens 2 Stunden durchziehen lassen.

Kurz vor dem Servieren Zwiebel schälen und in Ringe schneiden. Essiggurken in dünne Scheiben schneiden und mit den Zwiebelringen unter den marinierten Wurstsalat mengen.

Schnittlauch abbrausen, trocken schütteln und in Röllchen schneiden. Dann den Wurstsalat mit Salz und Pfeffer nochmal abschmecken und mit Schnittlauch bestreut servieren.

TIPP

Wurstsalat mit Bohnen: 500 g Fleischwurst in dünne Scheiben schneiden. 200 g gegarte grüne Bohnen in Stücke schneiden. 2 Zucchini in dünne Scheiben schneiden. 1 rote Paprika würfeln. 3 TL Senf und 3 EL Essig glatt rühren, 5 EL Sonnenblumenöl unterschlagen und mit Salz, Pfeffer, Zucker abschmecken. Mit Gemüse, 100 g Maiskörnern und Wurst vermengen.

Zubereitungszeit: **20 Min. + 2 Std.** Nährwerte pro Person: **519 kcal, 2171 kJ, 24 g EW, 47 g F, 2 g KH**

Wurstsalat mit Essiggurken

8

Kalorien ●●●

Zubereitungszeit ◷◷◷

Zubereitung einfach

Vorbereitung kann gut vorbereitet werden

Fleischsalat mit Champignons

Für 4 Personen:
120 g Zwiebeln
4 Knoblauchzehen
100 g Champignons
2 Birnen
300 g Suppenfleisch, gegart
1/2 Kopf grüner Blattsalat
60 g Butter
4 EL Schnittlauchröllchen, frisch gehackt
5 EL Balsamico-Essig
Zitronenpfeffer
Salz
schwarzer Pfeffer
getrockneter Rosmarin
3 EL Olivenöl
1 TL Senf

Zwiebeln schälen und klein schneiden. Knoblauch abziehen und fein hacken. Champignons putzen und in feine Scheiben schneiden.

Birnen schälen, entkernen und in feine Streifen schneiden. Suppenfleisch in Würfel schneiden. Blattsalat waschen, putzen und trocken schleudern, dann in Streifen schneiden.

Ein wenig Butter in einem Topf erhitzen. Zwiebeln und Knoblauch darin bei mittlerer Hitze andünsten. Dann die Champignons hinzufügen und unter Rühren kurz mitdünsten.

Topf vom Herd nehmen und Birne, Schnittlauchröllchen sowie 4 EL Balsamico-Essig unterrühren. Suppenfleisch und die restliche Butter dazugeben. Mit Zitronenpfeffer, Salz, schwarzem Pfeffer und etwas getrocknetem Rosmarin würzen. Alles gut vermengen.

Übrigen Essig, Olivenöl, Senf sowie etwas Salz und schwarzen Pfeffer kräftig verschlagen. Zusammen mit Blattsalat zu den übrigen Zutaten geben, alles vorsichtig vermengen und auf Salattellern anrichten.

Zubereitungszeit: **35 Min.**   Nährwerte pro Person: **393 kcal, 1644 kJ, 23 g EW, 30 g F, 9 g KH**

Fleischsalat mit Champignons

Kalorien ●●

Zubereitungszeit 🕐🕐

Zubereitung einfach

Vorbereitung Zubereitung direkt vor dem Servieren

Handkäs mit Musik

Für 4 Personen:
2 Zwiebeln
4 reife Handkäse (à 125 g)
4–5 EL Essig
8 EL Öl
Salz
Pfeffer
Kümmel
4 Scheiben Bauernbrot

Die Zwiebeln schälen und in möglichst dünne Ringe schneiden. Den Handkäse in Scheiben schneiden.

Essig mit Öl, Salz, Pfeffer und Kümmel verrühren. Die dünnen Zwiebelringe und Käsescheiben untermengen. Das Ganze kurz ziehen lassen.

Brotscheiben auf 4 Teller verteilen. Den Handkäs mit Musik daraufgeben und sofort servieren.

TIPP
Handkäse ist ein Sauermilchkäse, der aus Hessen stammt. „Mit Musik" bezeichnet die Marinade, in der der Käse zieht.

Zubereitungszeit: **15 Min.** Nährwerte pro Person: **488 kcal, 2042 kJ, 39 g EW, 32 g F, 11 g KH**

Handkäs mit Musik

Kalorien ●●

Zubereitungszeit 🕒

Zubereitung einfach

Vorbereitung Zubereitung direkt vor dem Servieren

Obatzda

Für 4 Personen:
1 Zwiebel
300 g reifer Camembert
50 g Butter
2 EL Doppelrahmfrischkäse
Salz
Pfeffer
Paprikapulver edelsüß
Kümmel
3 Stängel Petersilie
Zwiebelringe zum Garnieren

Zwiebel schälen und sehr fein hacken. Camembert klein schneiden und mit einer Gabel zerdrücken. Butter, Frischkäse sowie Zwiebel gründlich mit dem Camembert vermengen.

Die Käsemischung mit Salz, Pfeffer und Paprikapulver würzen. Nach Wunsch und Geschmack noch mit etwas Kümmel pikant abschmecken.

Petersilie mit kaltem Wasser abbrausen, trocken schütteln und ohne grobe Stielenden hacken. Obatzda mit Zwiebelringen und Petersilie garnieren und dann servieren.

TIPP
Zu diesem bayerischen Schmankerlklassiker gibt es frisches Brot, Brezen, Radieschen und in Spiralen geschnittenen Rettich.

Zubereitungszeit: **20 Min.**   Nährwerte pro Person: **354 kcal, 1481 kJ, 18 g EW, 31 g F, 3 g KH**

Obatzda

Kalorien ●●

Zubereitungszeit 🕛

Zubereitung einfach

Vorbereitung kann gut vorbereitet werden

Griebenschmalz

Für 16 Portionen:
500 g Flomen
2 kleine Zwiebeln
2 Knoblauchzehen
3 Pfefferkörner
1 säuerlicher Apfel
1 EL Majoran
1 Lorbeerblatt
Salz
Brot als Beilage

Flomen klein schneiden. Dann in eine Pfanne geben und bei mittlerer Temperatur auslassen, bis nur noch die Grieben übrig bleiben. Zwiebeln und Knoblauch schälen und beides fein hacken. Die Pfefferkörner im Mörser zerstoßen.

Den Apfel schälen, vierteln, entkernen und das Fruchtfleisch in dünne Scheiben schneiden. Mit Zwiebeln sowie Knoblauch in das ausgelassene Fett geben und dünsten. Mit Majoran, zerstoßenen Pfefferkörnern, Lorbeerblatt und Salz würzen.

Das Ganze bei mittlerer Temperatur so lange garen, bis die Zwiebeln leicht gebräunt sind. Anschließend Lorbeerblatt entfernen und den Griebenschmalz in kleine Steinguttöpfe oder in passende Einmachgläser füllen. Die Gefäße fest verschließen. Griebenschmalz mit Brot servieren. Das Schmalz hält sich gekühlt mehrere Wochen.

TIPP
Flomen ist der weiche Bauchspeck vom Schwein. Man muss ihn beim Metzger zumeist vorbestellen. Beim Auslassen bleiben dann nur die ausgelassenen Speckwürfel, die Grieben genannt werden, übrig.

Zubereitungszeit: **35 Min.** Nährwerte pro Portion: **274 kcal, 1146 kJ, 1 g EW, 30 g F, 2 g KH**

Griebenschmalz

Kalorien ●●

Zubereitungszeit ⌚⌚

Zubereitung mittel

Vorbereitung kann gut vorbereitet werden

Räucherfischterrine

Für 4 Personen:
250 g Räucherlachs
250 g geräuchertes Forellenfilet ohne Haut und Gräten
250 g Crème fraîche
Salz
Pfeffer
50 g Ketakaviar
1 Handvoll gemischte Salatblätter
2 EL Weißweinessig
3 EL Olivenöl
Dill zum Garnieren

Beide Räucherfischsorten nacheinander mit je der Hälfte der Crème fraîche im Mixer pürieren. Salzen und pfeffern.

Eine kleine längliche Terrinen- oder Backform mit Klarsichtfolie auslegen. Lachsfarce darin verteilen und glatt streichen. In der Mitte Ketakaviar in einem Streifen einfüllen, alles mit Forellenfarce bedecken. Oberfläche glatt streichen und Klarsichtfolie darüber verschließen. Über Nacht in den Kühlschrank stellen.

Vor dem Servieren Salatblätter waschen, bei Bedarf welke Stellen entfernen, zerkleinern und in eine Schüssel geben. Essig mit Olivenöl, Salz und Pfeffer verschlagen. Vinaigrette über die Salatblätter geben und vermengen.

Terrine aus der Form nehmen, auf die Platte stürzen und Klarsichtfolie vorsichtig abziehen. Mit einem scharfen, heiß abgespülten Messer in gleichmäßige Scheiben schneiden.

Räucherfischterrine auf Tellern mit einem Salatbouquet anrichten. Mit etwas Kaviar und Dill garnieren.

TIPP
Am besten passen Eichblatt- und Friséesalat dazu. Sie machen nicht nur optisch etwas her, sondern harmonieren mit ihrem leicht nussigen Geschmack besonders gut mit der Terrine.

Zubereitungszeit: **40 Min. + 12 Std.** Nährwerte pro Person: **510 kcal, 2142 kJ, 31 g EW, 42 g F, 2 g KH**

Räucherfischterrine

13

Kalorien ●●●

Zubereitungszeit 🕒🕒🕒

Zubereitung mittel

Vorbereitung kann gut vorbereitet werden

Marinierte Heringe

Für 4 Personen:
8 Salzheringe
4 rote Zwiebeln
1 saure Gurke
1/2 Bd. frischer Dill
2 Zweige Estragon
125 ml Essig
2 Lorbeerblätter
4 Nelken
2 TL bunte Pfefferkörner
1/2 TL Zucker

Heringe ca. 15 Stunden in reichlich Wasser wässern. Anschließend das Wasser abgießen, Heringe säubern und in Stücke schneiden.

Zwiebeln schälen und in Ringe schneiden. Gurke in Scheiben schneiden. Dill und Estragon kalt abbrausen, trocken schütteln und ohne grobe Stielenden fein hacken. Zwiebeln, Gurke und Kräuter mit den Heringsstücken vermengen.

Essig, Lorbeerblätter, Nelken, Pfefferkörner und Zucker mit 125 ml Wasser aufkochen. Danach beiseitestellen und den Sud erkalten lassen.

Fest verschließbare Gläser gründlich reinigen und gut trocknen. Heringe in die Gläser geben, mit der Marinade begießen, Gläser fest verschließen und im Kühlschrank vor dem Servieren mindestens 24 Stunden marinieren lassen.

TIPP
Salzheringe werden nach dem Fang ausgenommen und anschließend in Salz oder Salzlake eingelegt. So wird der frisch schnell verderbliche Fisch haltbar gemacht.

Zubereitungszeit: **30 Min. + 15 Std. + 24 Std.** Nährwerte pro Person: **458 kcal, 1916 kJ, 29 g EW, 18 g F, 44 g KH**

Marinierte Heringe

14

Kalorien ●●

Zubereitungszeit 🕒🕒🕒

Zubereitung einfach

Vorbereitung kann gut vorbereitet werden

Rote-Bete-Creme mit Forelle

Für 4 Personen:
250 g Rote Bete
1 1/2 geräucherte Forellen
1 kleine Zwiebel
1/2 Knoblauchzehe
1 1/2 TL Butter
100 ml Weißwein
100 ml Fischfond
Salz
Pfeffer
1 TL Dijon-Senf mit Estragon
1 EL Sahnemeerrettich
200 g saure Sahne
1 1/2 Blatt Gelatine
150 g bayerische Sahne

Rote Bete in Salzwasser ca. 30 Minuten garen. Anschließend schälen (dabei unbedingt Küchenhandschuhe verwenden) und dann ca. drei Viertel in sehr dünne Scheiben schneiden. Den Rest ganz lassen und beiseitelegen.

Fisch filetieren, dann längs halbieren. Zwiebel und Knoblauch schälen, grob würfeln und in Butter 5 Minuten dünsten. Gräten und Fischhaut zu den Zwiebeln geben, mit Wein sowie Fond auffüllen. 20 Minuten kochen, durch ein Tuch passieren und auf 100 ml einkochen lassen.

Rote-Bete-Reste mit Senf und Meerrettich fein pürieren. Saure Sahne unterrühren. Gelatine in kaltem Wasser einweichen, ausdrücken und im Fond schmelzen. Gelatine mit saurer Sahne vermengen. Sahne steif schlagen, unter die Creme heben und abschmecken.

Eine Schicht Creme in Gläser füllen, dann mit Rote-Bete-Scheiben auslegen. Vorgang wiederholen, bis alle Zutaten verbraucht sind. Fisch zerkleinern und auf der Creme anrichten. Gläser bis zum Servieren kalt stellen.

TIPP
Klassisch gilt Rote Bete als Wintergemüse. Sie ist aber ganzjährig erhältlich.

Zubereitungszeit: **40 Min.** Nährwerte pro Person: **298 kcal, 1247 kJ, 16 g EW, 20 g F, 10 g KH**

Rote-Bete-Creme mit Forelle

Kalorien ●●

Zubereitungszeit 🕒🕒

Zubereitung mittel

Vorbereitung kann gut vorbereitet werden

Grießklößchensuppe

Für 4 Personen:
1 1/2 l Fleisch- oder Gemüsebrühe
30 g Butter
1 Ei
Salz
Muskatnuss
85 g Hartweizengrieß
1 Bd. Petersilie

Brühe aufkochen. Inzwischen weiche Butter mit Ei, 1 Prise Salz und etwas frisch geriebener Muskatnuss gut verrühren. Grieß untermengen und alles gut mischen.

Aus dem Teig mit einem feuchten Teelöffel Nocken abstechen und vorsichtig in die kochende Brühe gleiten lassen. Grießklößchen bei schwacher Hitze ca. 20 Minuten garen. Anschließend Herd ausschalten und die Suppe noch kurz ziehen lassen.

Petersilie mit kaltem Wasser abbrausen und trocken schütteln. Die Blättchen von den Stängeln zupfen und anschließend hacken.

Die Nocken mit einem Schaumlöffel aus der Brühe heben und in vorgewärmte Suppenteller verteilen. Mit der heißen Brühe übergießen, mit der gehackten Petersilie bestreuen und sofort heiß servieren.

TIPP

Bei den Grießklößchen empfiehlt es sich, ein Probenockerl zu garen. Ist es zu weich, etwas Grieß zum Teig geben. Ist es zu hart, hat die Brühe zu stark gekocht. Dann etwas Wasser zur Brühe geben und diese nur sanft kochen lassen.

Zubereitungszeit: **20 Min. + 20 Min.** Nährwerte pro Person: **337 kcal, 1410 kJ, 25 g EW, 18 g F, 19 g KH**

Grießklößchensuppe

Kalorien ●●

Zubereitungszeit 🕒🕒

Zubereitung mittel

Vorbereitung Zubereitung direkt vor dem Servieren

Kürbiscremesuppe

Für 4 Personen:
1 kleiner Hokkaido-kürbis (ca. 1 kg)
1 kleine Stange Lauch
2 Knoblauchzehen
1 säuerlicher Apfel
1–2 TL gemahlenes Brotgewürz
1 1/2 l Gemüsebrühe
1 TL Ingwer, frisch gerieben
1 Msp. Zimtpulver
1/2–1 TL Paprikapulver rosenscharf
1 Kartoffel
200 g Schmand
Salz, Pfeffer
4 TL Crème fraîche
Thymianblättchen zum Garnieren

Kürbis waschen, dann aufschneiden und die Kerne entfernen. Das Fruchtfleisch mit Schale in Würfel schneiden.

Lauch putzen, gründlich waschen und in feine Ringe schneiden. Den Knoblauch abziehen und hacken. Apfel waschen, trocken reiben, entkernen und in dünne Spalten schneiden.

Brotgewürz in einem Topf ohne Fett anrösten, bis es duftet. Mit Gemüsebrühe ablöschen. Kürbis, Lauch und Apfel dazugeben. Ingwer, Zimt und Paprikapulver zufügen. Suppe ca. 15 Minuten bei kleiner Hitze kochen. Dann fein pürieren.

Kartoffel schälen und auf der Gemüsereibe sehr fein reiben. Raspeln zur Suppe geben. Nochmals 5 Minuten köcheln lassen und dann den Schmand einrühren.

Kürbissuppe mit Salz und frisch gemahlenem Pfeffer abschmecken. Die Hokkaidosuppe auf Suppenteller oder -schüsseln verteilen und mit je 1 TL Crème fraîche und Thymianblättchen garnieren. Dann heiß servieren.

Zubereitungszeit: **35 Min. + 20 Min.** Nährwerte pro Person: **277 kcal, 1159 kJ, 8 g EW, 16 g F, 23 g KH**

Kürbiscremesuppe

Kalorien ●●

Zubereitungszeit 🕒🕒🕒

Zubereitung einfach

Vorbereitung kann gut vorbereitet werden

Erbsencremesuppe

Für 4 Personen:
350 g Erbsen
1 große Kartoffel
1 l Gemüsebrühe
100 g Sahne
Salz
Muskatnuss
2 Stängel Dill

Erbsen in einen Suppentopf geben. Kartoffel schälen, waschen und zu den Erbsen reiben. Brühe dazugießen und die Suppe 15 Minuten bei mittlerer Hitze kochen lassen.

Einige Erbsen mit dem Schaumlöffel zum Garnieren herausnehmen und abschrecken. Dann beiseitelegen.

Suppe mit dem Stabmixer pürieren und nach Wunsch passieren. Sahne angießen und mit Salz und frisch geriebener Muskatnuss abschmecken.

Dill waschen, trocken schütteln und die Fähnchen abzupfen. Mit den beiseitegelegten Erbsen vor dem Servieren über die Suppe streuen.

TIPP
Erbsen haben von Juni bis August Saison. Man unterscheidet zwischen glatten, mehligen Schalerbsen, runzeligen, zarten Markerbsen und Zuckererbsen, die mit den feinen Hülsen gegessen werden.

Zubereitungszeit: **40 Min.** Nährwerte pro Person: **171 kcal, 715 kJ, 9 g EW, 9 g F, 16 g KH**

Erbsencremesuppe

Kalorien ●

Zubereitungszeit 🕐🕐

Zubereitung einfach

Vorbereitung kann gut vorbereitet werden

Käsemaultaschen-Suppe

Für 4 Personen:
250 g Mehl
3 Eier
Salz
150 g Allgäuer Bergkäse
1 Bd. Petersilie
2 Stängel Liebstöckel
100 g Frischkäse
Pfeffer
Muskatnuss, frisch gerieben
Mehl für die Arbeitsfläche
150 g Pilze nach Saison
500 ml klare Fleischbrühe
1/2 Bd. Schnittlauch

Mehl, Eier, etwas Salz und 1–2 EL Wasser zu einem weichen Teig kneten. Zugedeckt 20 Minuten ruhen lassen.

Inzwischen Käse reiben. Petersilie und Liebstöckel abbrausen, trocken tupfen und fein hacken. Mit Käse und Frischkäse verrühren. Käsemasse mit Salz, Pfeffer und Muskatnuss abschmecken.

Reichlich Salzwasser zum Kochen bringen. Teig auf einer bemehlten Fläche dünn ausrollen. Auf die Hälfte des Teigs im Abstand von 2–3 cm je 1 gehäuften TL Käsemasse setzen. Zwischenräume mit einem Pinsel anfeuchten und mit zweiter Teighälfte zudecken. Teig gut andrücken. Mit einem Teigrad Quadrate ausschneiden. Pilze putzen und klein schneiden.

Maultaschen im kochenden Wasser bei geringer Hitze 5–6 Minuten ziehen lassen. Fleischbrühe mit Pilzen aufkochen. Schnittlauch waschen, trocken tupfen und in Röllchen schneiden.

Maultaschen aus dem Wasser heben, auf Teller verteilen und mit Brühe begießen. Mit Schnittlauch bestreut servieren.

Zubereitungszeit: **45 Min.** Nährwerte pro Person: **583 kcal, 2439 kJ, 34 g EW, 28 g F, 48 g KH**

Käsemaultaschen-Suppe

Kalorien ●●●

Zubereitungszeit ⏱⏱⏱

Zubereitung schwer

Vorbereitung Zubereitung direkt vor dem Servieren

Kartoffelsuppe

Für 4 Personen:
100 g durchwachsener Speck
4 Zwiebeln
1 kg Kartoffeln
300 g Lauch
500 g Möhren
1 l Gemüsebrühe
500 g Äpfel
Salz
schwarzer Pfeffer aus der Mühle
Petersilie, frisch gehackt

Speck fein würfeln. Zwiebeln abziehen und fein hacken. Kartoffeln schälen und in grobe Würfel schneiden. Lauch putzen und gründlich waschen, dann in feine Ringe schneiden. Möhren schälen, putzen und hacken.

Den Speck in einem weiten Topf bei mittlerer Hitze auslassen. Zwiebeln zugeben und leicht anbräunen. Kartoffeln, Lauch und Möhren zugeben. Unter Rühren kurz mitbraten.

Brühe zugießen und aufkochen lassen, dann die Hitze reduzieren. In der Zwischenzeit Äpfel schälen, vierteln und Kerngehäuse entfernen. Das Fruchtfleisch würfeln.

Nach 15 Minuten Garzeit die Äpfel in die Kartoffelsuppe geben. Deckel auflegen und alles weitere 10 Minuten bei milder Hitze köcheln lassen.

Die Kartoffelsuppe nach Ende der Garzeit mit Salz und Pfeffer kräftig abschmecken. In Suppenschalen füllen und mit Petersilie bestreut heiß servieren.

Zubereitungszeit: **30 Min. + 25 Min.** Nährwerte pro Person: **394 kcal, 1648 kJ, 16 g EW, 8 g F, 63 g KH**

Kartoffelsuppe

Kalorien ●●

Zubereitungszeit 🕓🕓🕓

Zubereitung einfach

Vorbereitung kann gut vorbereitet werden

Grüne Spargelcremesuppe

Für 4 Personen:
500 g frischer grüner Spargel
Salz
2 Schalotten
1/2 Bd. Kerbel
40 g Butter
400 ml Gemüsebrühe
300 g Sahne
Pfeffer aus der Mühle
Kerbelblättchen zum Garnieren

Spargel waschen und die Spitzen abschneiden. Spargelspitzen in kochendem Salzwasser 4 Minuten blanchieren und danach sofort in Eiswasser abschrecken. Den übrigen Spargel im unteren Drittel schälen, holzige Enden entfernen und Stangen klein schneiden.

Schalotten abziehen und hacken. Kerbel abbrausen, trocken schütteln und ohne grobe Stielenden hacken.

Butter in einem ausreichend großen Topf erhitzen. Schalotten dazugeben, unter Rühren kurz andünsten und dann die Spargelabschnitte zugeben. Unter Rühren dünsten und dann das Ganze mit Gemüsebrühe ablöschen.

Gemüsebrühe zum Kochen bringen, Deckel auflegen und bei milder Hitze 15 Minuten leise köcheln lassen. 5 Minuten vor Garzeitende Kerbel zugeben.

Nach Garzeitende das Ganze mit dem Stabmixer fein pürieren. Sahne dazugeben und die Spargelcremesuppe nochmals erhitzen. Mit Salz und frisch gemahlenem Pfeffer abschmecken.

Spargelspitzen nochmals in etwas heißem Wasser erwärmen. Spargelcreme in 4 Suppenteller verteilen und die abgetropften Spargelspitzen als Einlage hineingeben. Mit Kerbelblättern garniert servieren.

Zubereitungszeit: **20 Min. + 15 Min.** Nährwerte pro Person: **321 kcal, 1343 kJ, 5 g EW, 31 g F, 6 g KH**

Grüne Spargelcremesuppe

Kalorien ●●

Zubereitungszeit 🕑🕑

Zubereitung einfach

Vorbereitung kann gut vorbereitet werden

Brotsuppeneintopf mit Gemüse

Für 4 Personen:
2 Möhren
300 g festkochende Kartoffeln
1/2 Sellerieknolle
3 Zwiebeln
1 Stange Lauch
2 EL Pflanzenöl
1 l Rinderbrühe
Salz
Pfeffer aus der Mühle
200 g Schwarzbrot
20 g Butterschmalz
20 g Butter
200 ml dunkles Bier
2 EL Majoranblättchen

Möhren schälen und hacken. Kartoffeln schälen, waschen und in kleine Würfel schneiden. Sellerie schälen und ebenfalls klein würfeln.

1 Zwiebel abziehen und fein hacken. Lauch der Länge nach halbieren, waschen, putzen, trocken schütteln und in grobe Stücke schneiden.

In einem großen Topf das Öl erhitzen. Vorbereitetes Gemüse mit der Zwiebel zugeben und anschwitzen. Rinderbrühe angießen und den Sud mit Salz und Pfeffer würzen. Bei mittlerer Hitze 15–20 Minuten leise köcheln lassen.

Brot klein zupfen. Butterschmalz in einer Pfanne zerlassen und das Brot darin rösten. Dabei häufig durchschwenken, damit das Brot nicht verbrennt.

Übrige Zwiebeln abziehen, halbieren und in feine Streifen schneiden. In einer weiteren Pfanne Butter zerlassen und die Zwiebeln darin unter Rühren goldbraun anschwitzen. Mit dem dunklen Bier ablöschen und Flüssigkeit vollständig einreduzieren lassen.

Majoranblättchen in die Brotsuppe rühren. Diese nochmal mit Salz und frisch gemahlenem Pfeffer abschmecken. Mit Brot und Zwiebeln in vorgewärmten Tellern anrichten und den Brotsuppeneintopf sofort servieren.

Zubereitungszeit: **35 Min. + 20 Min.** Nährwerte pro Person: **482 kcal, 2017 kJ, 21 g EW, 24 g F, 42 g KH**

Brotsuppeneintopf mit Gemüse

Kalorien ●●

Zubereitungszeit 🕓🕓🕓

Zubereitung einfach

Vorbereitung Zubereitung direkt vor dem Servieren

Wirsingsuppe

Für 4 Personen:
300 g Wirsing
1 Stange Sellerie
2 Zwiebeln
3 cm Ingwerknolle
5 Flaschentomaten
800 ml Gemüsebrühe
Salz
weißer Pfeffer aus der Mühle
4 Stängel Petersilie

Wirsing putzen und in dünne Streifen schneiden. In ein Küchensieb geben und waschen. Sellerie putzen, waschen und in feine Scheiben schneiden. Zwiebeln schälen und in Streifen schneiden. Ingwer schälen und hacken.

Tomaten oben kreuzweise einritzen. Mit kochend heißem Wasser überbrühen und dann eiskalt abschrecken. Stielansätze herausschneiden, häuten und Tomaten in dünne Spalten schneiden, dabei die Kerne entfernen.

Gemüsebrühe in einem Topf aufkochen. Wirsing, Sellerie, Zwiebeln und Ingwer zugeben. Deckel auflegen und die Suppe 10 Minuten leise köcheln lassen.

Tomatenspalten in den Sud geben. Wirsingsuppe mit Salz und frisch gemahlenem Pfeffer würzen und Deckel auflegen. Weitere 5 Minuten bei milder Hitze kochen lassen. Petersilie kalt abbrausen, trocken schütteln und die Blättchen abzupfen. Wirsingsuppe auf Suppenschalen oder -teller verteilen. Mit Petersilienblättchen garnieren und dann sofort heiß servieren.

TIPP
Die Saison von Wirsing und Tomaten überschneiden sich nur in den späten Frühjahrsmonaten und im Spätsommer.

Zubereitungszeit: **20 Min. + 15 Min.** Nährwerte pro Person: **52 kcal, 218 kJ, 4 g EW, 1 g F, 6 g KH**

Wirsingsuppe

Kalorien ●

Zubereitungszeit ⏱⏱

Zubereitung einfach

Vorbereitung Zubereitung direkt vor dem Servieren

Sauerkrautsuppe

Für 4 Personen:
3 rote Paprikaschoten
2 Zwiebeln
2 EL Öl
1 TL Zucker
1 TL Weißweinessig
400 ml Sauerkraut (Dose)
300 ml Weißwein
400 ml Gemüsebrühe
Salz
Pfeffer aus der Mühle
6 Wacholderbeeren
2 Lorbeerblätter
glatte Petersilie zum Garnieren

Paprikaschoten waschen, putzen und in dünne Streifen schneiden. Die Zwiebeln schälen und ebenfalls in feine Streifen schneiden.

Öl in einem ausreichend großen Topf erhitzen und Paprika sowie Zwiebeln darin unter Rühren bei mittlerer Hitze anbraten. Mit Zucker bestreuen und mit dem Weißweinessig ablöschen.

Sauerkraut zugeben und Weißwein mit Brühe angießen. Mit Salz, Pfeffer, Wacholder und Lorbeer würzen. 15 Minuten bei mittlerer Temperatur köcheln lassen. Mit Petersilie garniert servieren.

TIPP
Sauerkraut wird meist aus Weißkohl hergestellt, der durch Milchsäuregärung konserviert wird.

Zubereitungszeit: **15 Min. + 15 Min.** Nährwerte pro Person: **551 kcal, 2305 kJ, 10 g EW, 22 g F, 21 g KH**

Sauerkrautsuppe

Kalorien ●●●

Zubereitungszeit 🕐🕐

Zubereitung einfach

Vorbereitung Zubereitung direkt vor dem Servieren

25 Kartoffelrahmsuppe mit Krabben

Für 4 Personen:
3 Frühlingszwiebeln
3 EL Butter
400 g mehligkochende Kartoffeln
1 kleine Möhre
100 g Knollensellerie
1 Stange Sellerie
750 ml Gemüsebrühe
250 g Crème double
Salz
weißer Pfeffer aus der Mühle
Muskatnuss, frisch gerieben
2 EL Zitronensaft
150 g Nordseekrabben ohne Schale

Frühlingszwiebeln putzen, waschen, den weißen Teil in Ringe schneiden und das Grün beiseitelegen. Butter in einem Suppentopf erhitzen. Die Zwiebelringe dazugeben und unter Rühren kurz andünsten. Kartoffeln, Möhre sowie Knollensellerie schälen. Alles auf der Küchenreibe direkt in den Topf grob raspeln.

Selleriestange waschen, putzen und in Scheiben schneiden. Ebenfalls in den Topf geben. Das Ganze mit Gemüsebrühe aufgießen und 15 Minuten leise köcheln lassen.

In der Zwischenzeit das Grün der Frühlingszwiebeln in ganz feine Ringe schneiden. Nach Garzeitende die Suppe im Standmixer oder mit dem Stabmixer fein pürieren. Dann Crème double unterrühren und nochmal 5 Minuten köcheln lassen, bis die Konsistenz sahnig-cremig ist. Kartoffelrahmsuppe mit Salz, frisch gemahlenem Pfeffer, frisch geriebener Muskatnuss und Zitronensaft dezent abschmecken. Grüne Zwiebelringe und Krabben, bis auf jeweils 1 EL, unter die Suppe mengen und alles kurz erhitzen.

Kartoffelrahmsuppe auf tiefe Teller oder Suppentassen verteilen. Mit den restlichen Krabben und Frühlingszwiebelringen bestreuen und heiß servieren.

Zubereitungszeit: **40 Min. + 20 Min.** Nährwerte pro Person: **401 kcal, 1678 kJ, 13 g EW, 29 g F, 21 g KH**

Kartoffelrahmsuppe mit Krabben

Kalorien ●●

Zubereitungszeit 🕓🕓🕓

Zubereitung einfach

Vorbereitung kann gut vorbereitet werden

Kohlsuppe mit Karpfenklößchen

Für 4 Personen:

Für die Klößchen:
200 g Karpfenfilet
1 Eiweiß
ca. 150 g Sahne
Salz
etwas abgeriebene Zitronenschale (unbehandelt)
Pfeffer
Muskatnuss

Für die Suppe:
400 g Spitzkohl
1 Schalotte
1 Knoblauchzehe
1 EL Butter
100 ml Weißwein
600 ml Fischbrühe
Salz
100 g Sahne
Pfeffer
frischer Majoran

Für die Klößchen Fisch waschen und in Würfel schneiden. Ca. 10 Minuten anfrieren. Dann mit Eiweiß, ein wenig Sahne und Salz in der Küchenmaschine zerkleinern. So viel Sahne zugießen, bis eine glatte Farce entstanden ist. Nochmal durch ein Sieb streichen.

Farce mit Salz, Zitronenschale, Pfeffer und Muskatnuss würzen. Klößchen daraus formen und kalt stellen.

Für die Suppe Spitzkohl waschen, putzen und in Streifen schneiden. Schalotte und Knoblauch schälen und beides hacken. Butter in einem Topf erhitzen und Schalotte, Knoblauch und Kohl darin farblos anschwitzen.

Kohl mit Wein ablöschen und einmal kräftig aufkochen. Fischbrühe angießen. Hitze reduzieren und den Sud 10 Minuten leise köcheln lassen.

Inzwischen gesalzenes Wasser erhitzen. Klößchen im leicht siedenden Wasser ca. 5 Minuten gar ziehen lassen.

Sahne steif schlagen und unter die Suppe rühren. Mit Salz und Pfeffer abschmecken. Suppe auf Suppenschalen verteilen. Karpfenklößchen aus dem Wasser heben und abtropfen lassen, dann auf die Suppe setzen. Nochmal leicht mit Pfeffer übermahlen und mit Majoran garnieren.

Zubereitungszeit: **40 Min. + 15 Min.** Nährwerte pro Person: **351 kcal, 1469 kJ, 17 g EW, 27 g F, 7 g KH**

Kohlsuppe mit Karpfenklößchen

Kalorien ●●

Zubereitungszeit ◷◷◷

Zubereitung mittel

Vorbereitung Zubereitung direkt vor dem Servieren

Rindfleischsuppe mit Gemüse

Für 4 Personen:
400 g Rindfleisch (z. B. Beinfleisch)
Salz
200 g Perlgraupen
2 Kartoffeln
2 Möhren
1 Knollensellerie
1 Stange Lauch
2 Zwiebeln
Pfeffer aus der Mühle
1 Prise Cayennepfeffer
1/2 Bd. Schnittlauch

Rindfleisch mit kaltem Wasser abspülen und in ca. 3 cm große Würfel schneiden. Mit 2 l Wasser und 1 TL Salz in einen ausreichend großen Topf geben.

Aufkochen und Sud bei mittlerer Hitze ohne Deckel ca. 1 Stunde köcheln lassen. Zwischendurch immer wieder den Schaum, der sich auf dem Wasser bildet, mit einem Schaumlöffel abschöpfen.

Graupen in einen Topf mit kaltem Wasser geben, aufkochen und 5 Minuten leise köcheln lassen. In ein Sieb abgießen, kalt abspülen, zum Fleisch geben und mitkochen.

Kartoffeln, Möhren und Sellerie schälen und waschen. Lauch putzen und waschen. Zwiebeln schälen. Das Ganze dann in mundgerechte Stücke schneiden und nach 30 Minuten zum Fleischsud geben.

Die Suppe mit Salz, frisch gemahlenem Pfeffer sowie mit Cayennepfeffer würzig abschmecken. Den Schnittlauch mit kaltem Wasser abbrausen, trocken schütteln und in feine Röllchen schneiden.

Suppe auf Tassen oder Schüsseln verteilen und mit Schnittlauchröllchen bestreuen. Die Rindfleischsuppe mit Gemüse heiß servieren.

Zubereitungszeit: **30 Min. + 1 Std.** Nährwerte pro Person: **365 kcal, 1527 kJ, 22 g EW, 10 g F, 46 g KH**

Rindfleischsuppe mit Gemüse

27

Kalorien ●●

Zubereitungszeit 🕓🕓🕓

Zubereitung einfach

Vorbereitung kann gut vorbereitet werden

Leberknödelsuppe

Für 4 Personen:
Für die Leberknödel:
4 Brezen vom Vortag
1 kleine Zwiebel
2 Knoblauchzehen
20 g Butter
100 ml Milch
200 g Kalbs- oder Rinderleber
2 Eier
abgeriebene Schale von 1 Zitrone (unbehandelt)
Salz
Pfeffer aus der Mühle
getrockneter Majoran
gemahlener Kümmel
Für die Brühe:
1 Bd. Suppengrün
1 l Rinderbrühe
2 EL Schnittlauchröllchen

Für die Knödel Brezen in dünne Scheiben schneiden und in eine Schüssel geben. Zwiebel und Knoblauch schälen und hacken. Butter erhitzen und Zwiebel mit Knoblauch darin hell anbraten.

Milch erhitzen, diese über die Brezen gießen und ziehen lassen. Leber von Sehnen und Häuten befreien und dann durch die feinste Scheibe des Fleischwolfs drehen.

Eingeweichte Brezen ausdrücken. Mit Zwiebel, Knoblauch, Leber, Eiern und abgeriebener Zitronenschale gründlich vermengen. Das Ganze mit Salz, Pfeffer, Majoran und Kümmel würzen.

Für die Brühe Suppengrün waschen, putzen, bei Bedarf schälen und in Scheiben oder kleine Stücke schneiden. Mit der Rinderbrühe in einen Topf geben und aufkochen.

Aus dem Leberteig mit feuchten Händen ca. 12 Knödel formen. Diese in die kochende Brühe geben, Temperatur reduzieren und die Suppe ca. 20 Minuten erst leise köcheln, dann nur noch sieden lassen.

Das Fett von der Oberfläche der Suppe abschöpfen. Leberknödelsuppe in Suppentassen verteilen. Mit Schnittlauch bestreuen und heiß servieren.

Zubereitungszeit: **40 Min. + 20 Min.** Nährwerte pro Person: **423 kcal, 1770 kJ, 33 g EW, 18 g F, 32 g KH**

Leberknödelsuppe

Kalorien ●●

Zubereitungszeit 🕐🕐🕐

Zubereitung mittel

Vorbereitung kann gut vorbereitet werden

Gulaschsuppe

Für 4 Personen:
700 g Rindfleisch
1 TL gerebelter Majoran
2 TL abgeriebene Zitronenschale (unbehandelt)
1 TL Paprikapulver rosenscharf
1 TL gemahlener Kümmel
Salz
Pfeffer
6 Zwiebeln
2 Knoblauchzehen
70 g Butterschmalz
1 EL Paprikapulver edelsüß
2 EL Tomatenmark
30 ml Rotweinessig
400 g geschälte Tomaten (Dose)
350 g Kartoffeln
1 rote Paprikaschote
1 grüne Paprikaschote
2 Stängel Petersilie und 1 Zweig Thymian, gehackt
1 Lorbeerblatt
1 1/2 l Fleischbrühe

Fleisch in kleine Würfel schneiden. Mit Majoran, Zitronenschale, rosenscharfem Paprikapulver, Kümmel, Salz und Pfeffer vermengen.

Zwiebeln und Knoblauch schälen und fein würfeln. Butterschmalz in einem Schmortopf zerlassen und Zwiebeln darin glasig schwitzen. Knoblauch zufügen und andünsten. Mit edelsüßem Paprikapulver bestreuen. Tomatenmark zufügen und kurz andünsten. Mit Essig und 2 EL Wasser ablöschen und einkochen, bis fast alle Flüssigkeit verdampft ist. Fleisch hinzufügen und 20 Minuten schmoren lassen, dabei ab und zu umrühren.

Tomaten mit dem Saft grob pürieren. Zum Fleisch geben und etwas einkochen lassen.

Kartoffeln schälen, waschen und würfeln. Paprikaschoten putzen, waschen und würfeln. Kartoffeln und Paprika mit Kräutern zum Fleisch geben. Mit Brühe aufgießen und ca. 90 Minuten schmoren lassen. Gelegentlich umrühren.

Die Gulaschsuppe zum Schluss mit Salz, Pfeffer und Paprikapulver abschmecken. Heiß servieren.

Zubereitungszeit: **45 Min. + 110 Min.** Nährwerte pro Person: **586 kcal, 2452 kJ, 52 g EW, 33 g F, 21 g KH**

Gulaschsuppe

Kalorien ●●●

Zubereitungszeit 🕒🕒🕒

Zubereitung einfach

Vorbereitung kann gut vorbereitet werden

Kartoffelpuffer mit Apfel

Für 12 Stück:
1 kg Kartoffeln
1 Zwiebel
500 g Äpfel
2–3 EL Weizenvollkornmehl
2 Eier
Salz
Muskatnuss, frisch gerieben
5 EL Rapsöl

Kartoffeln und Zwiebel schälen. Äpfel schälen und von den Kerngehäusen befreien. Kartoffeln, Zwiebel und Äpfel raspeln und in einer Schüssel gut vermengen. Mit Mehl und Eiern zu einer nicht zu trockenen Masse vermischen. Mit Salz und Muskatnuss würzen.

In einer Pfanne etwas Öl erhitzen. Masse löffelweise hineingeben, glatt streichen und beidseitig bei mittlerer Hitze in jeweils ca. 5 Minuten braun und knusprig braten. Zum Entfetten auf Küchenpapier legen. Warm halten, bis alle Kartoffelpuffer gebacken sind.

TIPP
Wenn man die Zwiebel weglässt, wird hieraus eine leckere Süßspeise. Dann am besten Apfelmus dazu reichen.

Zubereitungszeit: **35 Min.** Nährwerte pro Stück: **361 kcal, 1510 kJ, 10 g EW, 9 g F, 57 g KH**

Kartoffelpuffer mit Apfel

Kalorien ●●

Zubereitungszeit 🕒🕒

Zubereitung einfach

Vorbereitung Zubereitung direkt vor dem Servieren

Register

27.000

KREATIVE GENUSSMENÜS SELBST KOMBINIERT

compact via ist ein Imprint der Compact Verlag GmbH

Alle Angaben wurden sorgfältig recherchiert, eine Garantie
kann jedoch nicht übernommen werden.

Titelabbildungen: StockFood (Rezeptbilder), fotolia.com/Sashkin (Besteck)
Chefredaktion: Evelyn Boos
Redaktion: Isabel Martins
Produktion: Johannes Buchmann
Umschlaggestaltung und Layout: h3a GmbH, München

ISBN 978-3-8174-8848-3
381748848/1

www.compactverlag.de

In diesem praktischen Kochbuch finden Sie je 30 Vorspeisen, Hauptgerichte und Nachspeisen. Ganz nach Geschmack lassen sich so 27.000 individuelle Genussmenüs zaubern.

Die Boxen neben den Rezeptabbildungen erleichtern Ihnen die Zusammenstellung und liefern Ihnen wertvolle Informationen auf einen Blick:

– **Kalorien-Ampelsystem:** Gerichte von leicht bis gehaltvoll

	●	●●	●●●
Vorspeise	bis 250 kcal	bis 500 kcal	über 500 kcal
Hauptgericht	bis 500 kcal	bis 800 kcal	über 800 kcal
Nachspeise	bis 250 kcal	bis 500 kcal	über 500 kcal

Spargel mit Sauce hollandaise

Für 4 Personen:
1 kg weißer Spargel
Salz
1/2 TL Zucker
Zitronensaft
250 g Butter
1 Schalotte
2 EL Weißweinessig
6 EL trockener Weißwein
5 schwarze Pfefferkörner, zerstoßen
3 Stängel Petersilie, frisch gehackt
1 Lorbeerblatt
4 Eigelb
Cayennepfeffer
Worcestersoße

Spargel schälen und holzige Enden abschneiden. In leicht gesalzenem Wasser mit Zucker und etwas Zitronensaft ca. 20 Minuten garen. Anschließend herausheben und abtropfen lassen.

Butter bei schwacher Hitze in einem kleinen Topf aufkochen. Schaum mit einer Schaumkelle abnehmen und den Vorgang wiederholen, bis die Butter klar ist. Geklärte Butter in einen anderen Topf gießen und warm halten.

Schalotte schälen und würfeln. Mit Essig, Weißwein, Pfeffer, Petersilie und Lorbeer in einem kleinen Topf aufkochen und auf ein Drittel einkochen lassen. Dann durch ein Sieb in eine kleine Metallschüssel gießen. Etwas abkühlen lassen.

Eigelb zur Weinmischung geben. Schüssel über ein heißes Wasserbad stellen und mit einem Schneebesen dickschaumig aufschlagen, dann vom Wasserbad nehmen.

Butter erst tropfenweise, dann im dünnen Strahl, unterschlagen. Mit Salz, Zitronensaft, Cayennepfeffer und Worcestersoße abschmecken. Spargel mit Sauce hollandaise auf vorgewärmten Tellern anrichten.

TIPP
Klassisch reicht man zu diesem Rezept Salz- oder Petersilienkartoffeln.

Zubereitungszeit: **40 Min.**

Nährwerte pro Person: **593 kcal, 2481 kJ, 9 g EW, 59 g F, 6 g KH**

Spargel mit Sauce hollandaise

31

Kalorien ●●

Zubereitungszeit 🕐🕐

Zubereitung mittel

Vorbereitung Zubereitung direkt vor dem Servieren

Getränkeempfehlung trockener Weißwein

Schupfnudeln mit Sauerkraut

Für 4 Personen:
1 kg mehligkochende Kartoffeln
100 g Mehl, 2 Eier
Salz
schwarzer Pfeffer
Muskatnuss, frisch gerieben
Mehl für Arbeitsfläche und Hände
2 Zwiebeln
3 EL Öl
500 g Sauerkraut (Dose)
2 Wacholderbeeren
1 Lorbeerblatt
3 EL Gemüsebrühe
2 EL Butterschmalz

Die Kartoffeln waschen und in der Schale ca. 20 Minuten garen. Anschließend abgießen, noch heiß pellen und durch die Kartoffelpresse drücken. Abkühlen lassen.

Mehl und Eier zu den Kartoffeln geben und das Ganze mit Salz, Pfeffer und Muskatnuss würzen. Alles mit den Händen rasch zu einem Teig kneten. Auf einer bemehlten Arbeitsfläche zu 2 Rollen von je 4 cm Durchmesser formen. Ca. 2 cm dicke Stücke abschneiden und mit bemehlten Händen zu fingerlangen und fingerdicken Nudeln rollen.

Zwiebeln schälen. 1/2 Zwiebel würfeln und übrige Zwiebeln in Streifen schneiden. 1 EL Öl in einer Pfanne erhitzen und gewürfelte Zwiebel dünsten. Sauerkraut abgießen und gut ausdrücken, dann mit Wacholder, Lorbeer und Brühe in die Pfanne geben.

Übriges Öl in einer beschichteten Pfanne erhitzen. Zwiebelstreifen darin in ca. 15 Minuten goldbraun werden lassen. Immer wieder umrühren.

Inzwischen Butterschmalz in einer weiteren Pfanne erhitzen. Schupfnudeln darin portionsweise in ca. 10 Minuten rundum anbraten. Fertig gegarte Nudeln herausnehmen und auf Küchenpapier entfetten lassen. Dann warm halten. Schupfnudeln mit Sauerkraut anrichten. Mit den gebratenen Zwiebelstreifen bestreuen und rasch heiß servieren.

Zubereitungszeit: **1 Std. + 30 Min.** Nährwerte pro Person: **450 kcal, 1883 kJ, 14 g EW, 17 g F, 58 g KH**

Schupfnudeln mit Sauerkraut

Kalorien ●

Zubereitungszeit ◷◷◷

Zubereitung mittel

Vorbereitung Zubereitung direkt vor dem Servieren

Getränkeempfehlung Bier

Eier in Frankfurter Grüner Soße

Für 4 Personen:
8 Eier
1 Schalotte
2 Handvoll frische Kräuter (z. B. Schnittlauch, Petersilie, Kresse, Kerbel, Borretsch, Sauerampfer, Pimpinelle)
3 EL Pflanzenöl
1 TL scharfer Senf
150 g Joghurt
250 g saure Sahne
Zitronensaft
Salz, Pfeffer

Eier hart kochen, abschrecken und schälen. 2 Eier mit einer Gabel sehr fein zerdrücken oder durch ein Sieb streichen.

Schalotte schälen und fein hacken. Kräuter waschen, trocken schütteln und Blättchen sehr fein hacken oder mit etwas Öl fein pürieren.

Öl mit Schalotte, scharfem Senf, Joghurt und saurer Sahne glatt rühren. Pürierte Eier und gehackte Kräuter untermengen. Grüne Soße mit Zitronensaft, Salz und Pfeffer abschmecken.

Die übrigen Eier halbieren. Jeweils 3 Hälften mit der Soße auf Tellern anrichten.

TIPP
Zu Eiern in Frankfurter Grüner Soße serviert man Salzkartoffeln.

Zubereitungszeit: **25 Min.** Nährwerte pro Person: **356 kcal, 1490 kJ, 19 g EW, 29 g F, 5 g KH**

Eier in Frankfurter Grüner Soße

Kalorien ●

Zubereitungszeit 🕒

Zubereitung einfach

Vorbereitung Zubereitung direkt vor dem Servieren

Getränkeempfehlung Apfelwein

34 Pilze mit Semmelknödeln

Für 4 Personen:
400 g gemischte Pilze
2 Zwiebeln
1 TL Butterschmalz
2 EL Mehl
250 ml Gemüsebrühe
Pfeffer
Salz
1 Bd. gemischte Kräuter (Petersilie, Majoran, Dill, Schnittlauch)
1 Schuss Weißwein
2 EL Sahne
4 altbackene Brötchen
100 ml Milch
1 TL Butter
2 Stängel Petersilie
1 Ei
Muskatnuss

Pilze putzen und klein schneiden. Zwiebeln schälen und hacken. Butterschmalz in einer Pfanne erhitzen und die Hälfte der Zwiebelwürfel darin anbraten. Mehl über die angebräunten Zwiebeln stäuben, unterrühren und kurz anschwitzen.

Kalte Brühe angießen, pfeffern, leicht salzen und aufkochen lassen. Pilze zugeben und 10–15 Minuten dünsten. Kräuter waschen, trocken schütteln und klein schneiden. Pilzragout mit Weißwein, Sahne und gehackten Kräutern (ca. 2 TL beiseitestellen) verfeinern.

Die Brötchen in ca. 1 cm große Würfel schneiden und dann in eine Schüssel geben. Milch erwärmen. Butter erhitzen und restliche Zwiebelwürfel darin andünsten. Milch und Zwiebeln über die Semmelwürfel gießen, abdecken und ca. 10 Minuten ziehen lassen. Petersilie hacken und mit dem verquirlten Ei zugeben.

Brötchenteig mit Salz, Pfeffer und ein wenig frisch geriebener Muskatnuss würzen. Aus der Masse mit feuchten Händen Knödel formen und in reichlich leicht kochendem Salzwasser ca. 15 Minuten gar ziehen lassen.

Das Pilzragout mit Salz und Pfeffer abschmecken. Knödel auf Tellern anrichten und mit dem Ragout umgießen. Mit restlichen Kräutern bestreuen und dann rasch heiß servieren.

Zubereitungszeit: **35 Min. + 45 Min.** Nährwerte pro Person: **448 kcal, 1874 kJ, 18 g EW, 17 g F, 54 g KH**

Pilze mit Semmelknödeln

Kalorien ●

Zubereitungszeit 🕐🕐🕐

Zubereitung mittel

Vorbereitung Zubereitung direkt vor dem Servieren

Getränkeempfehlung Bier

35 Forelle Müllerinart

Für 4 Personen:
1 kg Kartoffeln, Salz
4 kleine küchenfertige Forellen
1 Bd. Petersilie
Pfeffer
Saft von 1 Zitrone
4 EL Mehl
4 EL Butterschmalz
4 EL Butter
4 EL Mandelblättchen, geröstet
Zitronenspalten und Petersilie zum Garnieren

Kartoffeln schälen und in Salzwasser ca. 25 Minuten gar kochen. Die Fische säubern, waschen und trocken tupfen. Petersilie waschen, trocken schütteln und grob hacken.

Forellen rundum salzen, pfeffern und mit Zitronensaft beträufeln. Mit der grob gehackten Petersilie füllen. Mehl auf einen flachen Teller geben und die Fische darin wenden.

In einer Pfanne Butterschmalz erhitzen und Forellen auf jeder Seite ca. 5 Minuten goldbraun braten. Die Rückenflosse sollte sich leicht herauslösen lassen, dann ist der Fisch gar. Forellen mit den Kartoffeln auf vorgewärmten Tellern anrichten. Butter in der Pfanne aufschäumen und leicht bräunen lassen. Mandeln zugeben, einrühren und mit der Butter über die Fische gießen.

Nach Geschmack die gebratenen Forellen noch mit etwas Salz und Pfeffer würzen. Mit Zitronenspalten und Petersilie garnieren und dann rasch heiß servieren.

Zubereitungszeit: **35 Min.** Nährwerte pro Person: **582 kcal, 2435 kJ, 39 g EW, 26 g F, 46 g KH**

Forelle Müllerinart

Kalorien ●●

Zubereitungszeit 🕔🕔

Zubereitung einfach

Vorbereitung Zubereitung direkt vor dem Servieren

Getränkeempfehlung trockener Weißwein

Karpfen blau mit Meerrettichsahne

Für 4 Personen:
1 küchenfertiger Karpfen (ca. 1,7 kg)
1 Bd. Suppengrün
750 g Kartoffeln
1 Lorbeerblatt
4 Pimentkörner
5 Pfefferkörner
Salz
1 Prise Zucker
8 EL Essig
1 Bd. glatte Petersilie
200 g Sahne
3 TL Meerrettich
100 g Preiselbeerkompott
40 g Butter

Karpfen vorsichtig waschen, damit die Schleimschicht nicht verletzt wird. Suppengrün putzen, waschen und in Stücke schneiden. Kartoffeln waschen und schälen.

Suppengrün mit 1 l Wasser, Lorbeer, Piment, Pfeffer, Salz und Zucker in einen großen Topf geben und aufkochen. Essig separat aufkochen.

Karpfen vorsichtig in den Gemüsesud geben und löffelweise mit dem heißen Essig überziehen, damit sich die Haut blau färbt. Karpfen zugedeckt im Sud ca. 25 Minuten garen. Kartoffeln in leicht gesalzenem Wasser in 20–25 Minuten gar kochen.

Inzwischen Petersilie waschen, trocken tupfen und Blättchen fein schneiden. Sahne steif schlagen. Meerrettich, 1 Prise Salz und Preiselbeerkompott vorsichtig unter die Sahne heben.

Butter in einer Pfanne schmelzen. Kartoffeln abgießen, abtropfen lassen, in der Butter schwenken und mit Petersilie bestreuen. Karpfen mit Preiselbeer-Meerrettich-Sahne und Petersilienkartoffeln anrichten und heiß servieren.

Zubereitungszeit: **30 Min. + 25 Min.** Nährwerte pro Person: **875 kcal, 3661 kJ, 82 g EW, 44 g F, 36 g KH**

Karpfen blau mit Meerrettichsahne

Kalorien ●●●

Zubereitungszeit 🕐🕐

Zubereitung mittel

Vorbereitung Zubereitung direkt vor dem Servieren

Getränkeempfehlung trockener, fruchtiger Weißwein

37 Hamburger Pannfisch

Für 4 Personen:
500 ml Fischfond
500 ml Fleischfond
200 g Sahne
80 g mittelscharfer Senf
Salz
Pfeffer
800 g Kartoffeln
4 Zwiebeln
4 EL Öl
1 EL Butter
600 g Kabeljau
2 EL Mehl

Fisch- und Fleischfond mit Sahne in einem Topf erhitzen und um die Hälfte reduzieren lassen. Dabei immer wieder umrühren. Senf einrühren und dann mit Salz und Pfeffer abschmecken.

Fisch waschen, trocken tupfen und in ca. 3 cm x 3 cm große Würfel schneiden. Fisch in Mehl wenden. Dann restliches Öl erhitzen und Fisch darin rundum goldbraun anbraten.

Inzwischen Kartoffeln gar kochen. Dann pellen und in Scheiben schneiden. Zwiebeln schälen und in Streifen schneiden. Kartoffeln und Zwiebeln in einer ofenfesten Pfanne in 2 EL heißem Öl mit Butter braten.

Backofengrill vorheizen. Fisch zu den Bratkartoffeln geben und schwenken. Senfsoße darübergeben. Im Ofen unter dem Grill ca. 8 Minuten goldbraun gratinieren lassen.

TIPP
Dieses Gericht kann nach Belieben auch mit anderen Fischsorten zubereitet werden. Verwenden Sie neben Kabeljau auch mal Rotbarsch und grüne Heringsfilets.

Zubereitungszeit: **40 Min.**

Nährwerte pro Person: **680 kcal, 2845 kJ, 50 g EW, 35 g F, 40 g KH**

Hamburger Pannfisch

Kalorien ●●

Zubereitungszeit 🕓🕓

Zubereitung einfach

Vorbereitung Zubereitung direkt vor dem Servieren

Getränkeempfehlung Bier

Fischfilet in Bierteig

Für 4 Personen:

Für den Kartoffelsalat:
1 kg festkochende Kartoffeln
200 ml Gemüsebrühe
50 ml Weißweinessig
Salz, Pfeffer
2 TL Senf
1 rote Zwiebel
4 EL Olivenöl

Für den Fisch:
4 Fischfilets (à ca. 150 g)
2 TL Zitronensaft
Salz, Pfeffer
2 Eier
100 g Mehl
1/2 TL Paprikapulver edelsüß
250 ml Weißbier
Pflanzenöl zum Braten
Petersilie zum Garnieren, frisch gehackt
Zitronenspalten zum Servieren

Für den Kartoffelsalat Kartoffeln waschen und in 30–40 Minuten gar dämpfen. Anschließend noch heiß schälen und etwas abkühlen lassen.

Gemüsebrühe erhitzen. Die Kartoffeln in Scheiben schneiden und in eine ausreichend große Schüssel geben. Mit Gemüsebrühe und Essig übergießen und mit Salz, Pfeffer sowie Senf vorsichtig vermengen. 2 Stunden im Kühlschrank ziehen lassen.

Nach 2 Stunden Fischfilets waschen und trocken tupfen. Mit Zitronensaft beträufeln und 5 Minuten ziehen lassen. Anschließend nochmals trocken tupfen und mit Salz und Pfeffer würzen.

Eier trennen und Eiweiß steif schlagen. Eigelb mit dem Mehl, Paprikapulver und Weißbier zu einem glatten Teig verrühren, zuletzt vorsichtig den steifen Eischnee unterheben.

Für den Salat Zwiebel schälen und hacken. Zwiebel mit dem Olivenöl vorsichtig unter den Kartoffelsalat heben. Nochmals mit Gewürzen abschmecken.

Pflanzenöl in einer Pfanne erhitzen. Fisch durch den Teig ziehen und im Öl in 5–6 Minuten goldbraun braten. Karpfenfilets mit Kartoffelsalat auf 4 Tellern anrichten. Mit frisch gehackter Petersilie bestreuen und mit Zitronenspalten garnieren.

Zubereitungszeit: **40 Min. + 40 Min. + 2 Std.** Nährwerte pro Person: **656 kcal, 2745 kJ, 39g EW, 26 g F, 59 g KH**

Fischfilet in Bierteig

Kalorien ●●

Zubereitungszeit 🕒🕒🕒

Zubereitung einfach

Vorbereitung Zubereitung direkt vor dem Servieren

Getränkeempfehlung leichter Weißwein

Heringstopf mit Kartoffeln

Für 4 Personen:
500 g kleine Kartoffeln, am Vortag gegart
1 Bd. Frühlingszwiebeln
4 Bismarckheringsfilets (Glas)
200 ml Weißweinessig
1 TL Senfkörner
1 EL Zucker
schwarzer Pfeffer aus der Mühle
1 Bd. Dill

Kartoffeln schälen, bei Bedarf halbieren. Frühlingszwiebeln putzen, waschen und schräg in dicke Stücke schneiden. Heringfilets abtropfen lassen oder trocken tupfen und in breite Streifen schneiden.

Essig mit 200 ml Wasser, Senfkörnern, Zucker und etwas frisch gemahlenem Pfeffer in einen Topf geben. Den Sud aufkochen. Die Frühlingszwiebeln zugeben und darin glasig werden lassen. Sud wieder abkühlen lassen.

Kartoffeln und Heringe in einen weiteren Topf schichten. Das Ganze dann mit dem abgekühlten Frühlingszwiebelsud übergießen.

Dill kalt abbrausen, trocken schütteln und ohne grobe Stielenden hacken. Dann über den Fischtopf streuen. Einen fest schließenden Deckel auflegen und den Heringstopf an einem kühlen Ort mindestens 1 Tag ziehen lassen.

Nach Ende der Marinierzeit den Heringstopf zugedeckt bei milder Hitze erwärmen; er sollte danach nur lauwarm sein. Anschließend mit dem Sud in tiefen Tellern anrichten und servieren.

Zubereitungszeit: **30 Min. + 24 Std.** Nährwerte pro Person: **250 kcal, 1046 kJ, 14 g EW, 9 g F, 26 g KH**

Heringstopf mit Kartoffeln

Kalorien ●

Zubereitungszeit ⏱⏱⏱

Zubereitung einfach

Vorbereitung kann gut vorbereitet werden

Getränkeempfehlung Bier

Zander im Salzmantel

Für 4 Personen:
1 küchenfertiger Zander (1 1/2 kg)
Pfeffer aus der Mühle
1/2 Bd. Petersilie
6 Eiweiß
ca. 2 kg grobes Meersalz

Den Fisch kalt abspülen, trocken tupfen und innen wie außen mit frisch gemahlenem Pfeffer einreiben. Petersilie waschen, trocken schütteln, grob zerteilen und in die Bauchhöhle stecken. Den Backofen auf 200 Grad vorheizen.

Eiweiß schaumig schlagen. Salz in eine Schüssel geben und Eiweiß unterrühren. Bei Bedarf etwas Wasser unterrühren, sodass ein formbarer Teig entsteht.

Ein Stück extrastarke Alufolie abschneiden und die Kontur des Fisches nachformen. Folie auf ein Backblech geben und die Hälfte des vorbereiteten Salzteiges darauf verteilen.

Den Fisch auf den Teig setzen und mit dem restlichen Teig bedecken. Die Oberfläche mit einem nassen Teigschaber o. Ä. glatt streichen, sodass der Fisch vollständig bedeckt ist.

Den Fisch in den heißen Backofen schieben und ca. 40 Minuten garen. Nach Ende der Garzeit den Fisch in der Salzkruste servieren. Erst am Tisch die Kruste aufbrechen und Fisch filetieren.

TIPP
Besonders aromatisch wird der Fisch, wenn 1/2 Bd. gehackte Kräuter (Rosmarin, Salbei oder Thymian) unter den Salzteig gemengt wird.

Zubereitungszeit: **20 Min. + 40 Min.** Nährwerte pro Person: **353 kcal, 1477 kJ, 78 g EW, 3 g F, 2 g KH**

Zander im Salzmantel

Kalorien ●

Zubereitungszeit 🕒🕒

Zubereitung mittel

Vorbereitung kann gut vorbereitet werden

Getränkeempfehlung Weißwein

Karpfengulasch mit Paprika

Für 4 Personen:
2 rote Paprikaschoten
6 reife Tomaten
250 g Knollensellerie
3 Zwiebeln
2 EL Pflanzenöl
250 ml Gemüsebrühe
150 g Crème fraîche
Salz, Pfeffer
1 EL Paprikapulver edelsüß
Zitronensaft
700 g küchenfertiges Karpfenfilet
etwas Selleriegrün

Paprika putzen, waschen und trocken tupfen. Backofengrill vorheizen. Paprika halbieren und mit der Haut nach oben auf ein mit Backpapier belegtes Blech legen. Im Ofen grillen, bis die Haut der Schoten Blasen wirft. Herausnehmen. Haut mit feuchtem Küchenpapier belegen und die Haut abziehen. Paprika in schmale Streifen schneiden.

Tomaten waschen und oben kreuzweise einritzen. Mit kochend heißem Wasser überbrühen, eiskalt abschrecken, Haut abziehen und entkernen. Fruchtfleisch in Spalten schneiden.

Sellerie und Zwiebeln schälen und hacken. In einem großen Topf Öl erhitzen und Zwiebeln darin glasig anschwitzen. Paprika, Tomaten und Sellerie mit anschwitzen und mit Brühe ablöschen.

Sud zugedeckt bei mittlerer Temperatur 10–15 Minuten köcheln lassen. Crème fraîche einrühren und alles mit Salz, Pfeffer, Paprikapulver und Zitronensaft würzen. Den Gemüsesud 5 Minuten weiterköcheln lassen.

Karpfen waschen, trocken tupfen und in mundgerechte Stücke schneiden. Zum Gemüse geben. Topf vom Herd ziehen und den Fisch in der heißen Soße 10 Minuten gar ziehen lassen.

Karpfengulasch nach Ende der Garzeit mit Salz, Pfeffer und Paprikapulver abschmecken. Anrichten, mit Selleriegrün garnieren und heiß servieren.

Zubereitungszeit: **25 Min. + 30 Min.** Nährwerte pro Person: **440 kcal, 1841 kJ, 36 g EW, 28 g F, 10 g KH**

Karpfengulasch mit Paprika

Kalorien ●

Zubereitungszeit 🕐🕐

Zubereitung einfach

Vorbereitung Zubereitung direkt vor dem Servieren

Getränkeempfehlung Roséwein

Labskaus mit Spiegelei

Für 4 Personen:
400 g mehligkochende Kartoffeln
1 Schalotte
1 EL Butter
Salz
Pfeffer
1 Lorbeerblatt
100 g Rote Bete (Glas)
4 Gewürzgurken (Glas)
50 g Sahne
1 EL Rote-Bete-Saft
4 Scheiben gegartes Roastbeef
Muskatnuss
2 EL Pflanzenöl
4 Eier
4 Rollmöpse
Rote Bete zum Garnieren

Kartoffeln schälen, waschen und würfeln. Schalotte schälen, fein würfeln und in einem Topf in heißer Butter glasig anschwitzen. Kartoffeln untermengen. Mit Salz sowie Pfeffer würzen und Lorbeer zugeben. Mit Wasser bedecken und ca. 15 Minuten garen.

Rote Bete und Gewürzgurken klein würfeln. Kartoffeln abgießen, dabei den Sud auffangen. Kartoffeln mit etwas Sud und Sahne zu Püree zerstampfen. Rote Bete, Gurken und Rote-Bete-Saft untermischen und nach Wunsch das Ganze nochmals zerstampfen.

Roastbeef in feine Würfel schneiden und unter die Kartoffeln mengen. Das Ganze mit Salz und frisch geriebener Muskatnuss abschmecken.

Pflanzenöl in einer Pfanne erhitzen. Eier hineinschlagen und bei mittlerer Hitze 4 Spiegeleier darin braten. Diese dann mit etwas Salz würzen.

Kartoffel-Rote-Bete-Brei auf Teller verteilen. Die gebratenen Spiegeleier darauf anrichten. Je 1 Rollmops dazugeben. Labskaus mit in Spalten geschnittener Roter Bete garniert servieren.

Zubereitungszeit: **30 Min.** Nährwerte pro Person: **515 kcal, 2155 kJ, 31 g EW, 34 g F, 21 g KH**

Labskaus mit Spiegelei

Kalorien ●●

Zubereitungszeit ◷

Zubereitung einfach

Vorbereitung Zubereitung direkt vor dem Servieren

Getränkeempfehlung Bier

Rinderrouladen

Für 4 Personen:
4 dünne Scheiben Rindfleisch (à ca. 150 g, aus der Schulter)
Salz, Pfeffer
4 TL mittelscharfer Senf
1 große Zwiebel
4 Gewürzgurken
4 dünne Scheiben Speck
1 Bd. Suppengrün
125 ml Fleischbrühe
125 ml Rotwein
200 g Sahne
3 EL Öl

Das Fleisch trocken tupfen und vorsichtig flach klopfen. Jede Scheibe mit Salz und Pfeffer würzen und jeweils auf einer Seite mit 1 TL Senf bestreichen.

Zwiebel schälen und fein würfeln. Gewürzgurken längs in dünne Streifen schneiden. Speck von der Schwarte befreien. Backofen auf 100 Grad vorheizen.

Je 1 Scheibe Speck auf die Mitte jeder Roulade legen, Zwiebel und Gurken darauf verteilen; links und rechts einen kleinen Streifen freilassen. Längsseiten der Rouladen etwas einschlagen, dann von der Schmalseite her gleichmäßig und fest aufrollen. Mit Holzspießchen fixieren.

Öl in einem Bräter erhitzen. Rouladen darin rundum scharf anbraten.

Suppengrün putzen, waschen und in grobe Würfel schneiden. Zum Fleisch geben und kurz mitbraten. Fleischbrühe und Rotwein angießen, das Ganze einmal aufkochen lassen. Bräter in den Ofen stellen. Rouladen ca. 3 Stunden sanft schmoren lassen. Nach Garzeitende Rouladen aus dem Bräter nehmen und kurz ruhen lassen.

Bratflüssigkeit ca. 10 Minuten offen einkochen lassen, dann die Soße und das Gemüse mit dem Stabmixer fein pürieren. Sahne zugeben, die Soße erwärmen und mit Salz und Pfeffer abschmecken. Zu den Rouladen servieren.

Zubereitungszeit: **45 Min. + 3 Std.** Nährwerte pro Person: **610 kcal, 2552 kJ, 54 g EW, 32 g F, 26 g KH**

Rinderrouladen

Kalorien ●●

Zubereitungszeit 🕒🕒🕒

Zubereitung einfach

Vorbereitung kann gut vorbereitet werden

Getränkeempfehlung Rotwein

Königsberger Klopse

Für 4 Personen:
600 g Kartoffeln
Salz
1 altbackenes Brötchen
2 Zwiebeln
3 Sardellenfilets
1/2 Zitrone (unbehandelt)
40 g Butter
600 g Kalbshackfleisch
2 Eiweiß
Pfeffer
1/2 TL Majoran
1 l Fleischbrühe
1 Lorbeerblatt
1 TL Pimentkörner
3 EL Mehl
3 EL Kapern
1 EL Senf
200 g Sahne
1 Eigelb

Kartoffeln schälen, vierteln und in Salzwasser ca. 25 Minuten garen. Brötchen in warmem Wasser einweichen. Zwiebeln schälen, 1 vierteln, die andere fein hacken. Sardellen hacken. Brötchen ausdrücken. Zitrone heiß waschen, Schale abreiben und Saft auspressen.

Gehackte Zwiebel in der Hälfte der Butter andünsten, danach mit Zitronenschale, Hackfleisch, Sardellen, Eiweiß, Brötchen, Pfeffer und Majoran mischen. Kleine Klöße daraus formen. Brühe in einem weiten Topf erhitzen und Klöße darin mit Zwiebelvierteln, Lorbeer und Piment ca. 15 Minuten ziehen lassen. Herausnehmen und Sud aufheben.

Restliche Butter erhitzen und Mehl unter Rühren darin anschwitzen. Mit 500 ml Kochsud auffüllen. Kapern zugeben und Senf einrühren. Sahne angießen. Das Ganze ca. 10 Minuten bei schwacher Hitze leise köcheln lassen.

Soße mit Zitronensaft, Salz und Pfeffer abschmecken. Vom Herd nehmen und Eigelb unterrühren. Klopse mit Kartoffeln anrichten, mit Soße begießen und heiß servieren.

Zubereitungszeit: **40 Min. + 25 Min.** Nährwerte pro Person: **695 kcal, 2908 kJ, 46 g EW, 38 g F, 42 g KH**

Königsberger Klopse

44

Kalorien ●●

Zubereitungszeit 🕐🕐🕐

Zubereitung mittel

Vorbereitung Zubereitung direkt vor dem Servieren

Getränkeempfehlung trockener, fruchtiger Weißwein

Gaisburger Marsch mit Maronen

Für 4 Personen:
550 g Hohe Rippe im Stück
Salz
1 kleine Knolle Sellerie
450 g Kartoffeln
125 g gegarte Maronen (selbst gegart oder vakuumverpackt)
1 Bd. Petersilie
125 g Zwiebeln
45 g Butter
275 g Spätzle
gekörnte Brühe

Fleisch kalt abspülen. Mit 2 l kaltem Wasser und 1 TL Salz in einen Topf geben, sodass das Fleisch vollständig mit Wasser bedeckt ist. Aufkochen und abschäumen. Die Hitze reduzieren und 2 Stunden bei mittlerer Hitze sanft kochen.

Inzwischen Sellerie schälen und in 1 cm große Würfel schneiden. Kartoffeln waschen, schälen und in 1 cm große Würfel schneiden. Maronen halbieren.

Petersilie waschen, trocken schütteln, die Blätter abzupfen und hacken. Zwiebeln abziehen und in feine Ringe schneiden. Butter in einer Pfanne erhitzen und die Zwiebeln darin unter ständigem Rühren bei mittlerer Hitze goldbraun anbraten.

30 Minuten vor Garzeitende Sellerie- und Kartoffelwürfel zum Fleisch geben. Falls nötig, Sud nochmals abschäumen.

Nach Garzeitende das Fleisch herausnehmen, vom Knochen lösen und in Würfel schneiden. Dann Fleisch wieder in die Brühe geben.

Spätzle und Maronen in den Eintopf geben und darin heiß werden lassen. Mit etwas gekörnter Brühe abschmecken. Gaisburger Marsch mit gebratenen Zwiebelringen und gehackter Petersilie bestreuen und dann rasch heiß servieren.

Zubereitungszeit: **35 Min. + 2 Std.** Nährwerte pro Person: **280 kcal, 1180 kJ, 17 g EW, 7 g F, 35 g KH**

Gaisburger Marsch mit Maronen

Kalorien ●

Zubereitungszeit ◷◷◷

Zubereitung einfach

Vorbereitung kann gut vorbereitet werden

Getränkeempfehlung Rotwein

Gefüllter Putenrollbraten

Für 4 Personen:
1 kg Putenrollbraten
Salz
Pfeffer
80 g Gorgonzola
150 g Blattspinat
80 g Walnüsse
2 EL Öl
125 ml Weißwein
400 ml Geflügelfond
3 EL heller Soßenbinder
250 g Kochsahne

Putenrollbraten abbrausen und trocken tupfen. Dann mit Salz und Pfeffer würzen. Die Innenseite bis auf einen kleinen Rand mit Gorgonzola bestreichen.

Blattspinat gründlich waschen und verlesen. In einem Topf Salzwasser aufkochen. Blattspinat zugeben und zusammenfallen lassen. Anschließend den Spinat in ein Sieb geben, kalt abschrecken und mit einem Kochlöffel gut ausdrücken.

Walnüsse hacken. Blattspinat und zwei Drittel der Walnüsse auf der mit Käse bestrichenen Fleischseite verteilen. Dann das Fleisch aufrollen und mit Küchengarn zusammenbinden.

Öl in einem Schmortopf erhitzen. Fleisch darin von allen Seiten anbraten. Mit Weißwein ablöschen und Geflügelfond angießen. Zugedeckt 50–60 Minuten leise köcheln lassen.

Putenrollbraten aus dem Fond nehmen. Soßenbinder einrühren, Sahne angießen und 3 Minuten unter Rühren kochen. Soße mit Salz und Pfeffer abschmecken und restliche Walnüsse zugeben. Braten aufschneiden und mit der Soße anrichten.

TIPP
Als Beilage passen zu diesem Putenrollbraten Brokkoli mit gerösteten Walnusssplittern sowie Salzkartoffeln oder Nudeln.

Zubereitungszeit: **40 Min. + 1 Std.** Nährwerte pro Person: **653 kcal, 2732 kJ, 70 g EW, 36 g F, 12 g KH**

Gefüllter Putenrollbraten

Kalorien ●●

Zubereitungszeit ◷◷◷

Zubereitung mittel

Vorbereitung Zubereitung direkt vor dem Servieren

Getränkeempfehlung würziger Weißwein

47 Grünkohl mit Pinkel

Für 4 Personen:
600 g Kartoffeln
Salz
1 kg frischer Grünkohl
2 Zwiebeln
2 EL Schweineschmalz
Pfeffer
300 ml Fleischbrühe
200 g Rauchfleisch
250 g geräucherte Mettwurst
350 g Pinkel (Grützwurst)
2 EL Haferflocken

Kartoffeln schälen, waschen und in Salzwasser in 20 Minuten gar kochen. Abgießen und warm stellen.

Inzwischen Grünkohl putzen, Blätter vom Strunk lösen und waschen. 2 Minuten in kochendem Wasser blanchieren. Herausnehmen und grob hacken.

Zwiebeln abziehen, hacken und in einem Bräter im Schmalz andünsten. Grünkohl zugeben, pfeffern und mit Brühe aufgießen. 30 Minuten köcheln lassen.

Rauchfleisch zum Grünkohl geben. Im geschlossenen Topf weitere 15 Minuten garen. Mettwurst in Scheiben schneiden, mit Pinkel ebenfalls zugeben und das Ganze weitere 20 Minuten bei geringer Hitze ziehen lassen.

Haferflocken unter den Kohl rühren und 10 Minuten quellen lassen. Mit Salz und Pfeffer würzen. Grünkohl mit Pinkel mit Kartoffeln anrichten.

Zubereitungszeit: **45 Min. + 75 Min.** Nährwerte pro Person: **800 kcal, 3347 kJ, 53 g EW, 47 g F, 41 g KH**

Grünkohl mit Pinkel

Kalorien ●●

Zubereitungszeit 🕓🕓🕓

Zubereitung einfach

Vorbereitung kann gut vorbereitet werden

Getränkeempfehlung Bier

Linsen mit Spätzle

Für 4 Personen:
300 g Mehl
Salz
3 Eier
350 g Linsen (z. B. Tellerlinsen)
1 Bd. Suppengrün
2 kleine Zwiebeln
150 g geräucherter Speck
1 EL Öl
2–3 EL Essig
Zucker
Pfeffer
Mehl zum Binden
4 Wiener Würstchen

Mehl und 1/2 TL Salz mit 100 ml Wasser glatt rühren. Eier unterkneten und nach und nach so viel Wasser zufügen, bis ein zäher Teig entstanden ist. Teig durchkneten, bis er Blasen wirft. 30 Minuten quellen lassen.

Inzwischen Linsen heiß abspülen. Suppengrün bei Bedarf schälen, putzen und in Würfel schneiden. Mit Linsen in wenig Wasser ca. 30 Minuten kochen.

Zwiebeln abziehen und würfeln. Speck in Würfel schneiden. Dann mit Zwiebeln in Öl anrösten und nach 15 Minuten Garzeit zu den Linsen geben. Mit Essig, Zucker, Salz und Pfeffer abschmecken. Nach Belieben mit etwas Mehl binden.

In der Zwischenzeit reichlich Salzwasser in einem großen Topf erhitzen. Teig portionsweise mit einem Spätzlehobel oder über ein großen Küchenbrett in das simmernde Wasser hobeln und aufkochen lassen. Spätzle abschöpfen und abtropfen lassen. Vorgang wiederholen, bis der Teig aufgebraucht ist.

Wiener Würstchen in mundgerechte Stücke schneiden und zu den fertig gegarten Linsen geben. In 5 Minuten heiß werden lassen. Spätzle mit Linsen auf vorgewärmten Tellern anrichten und rasch heiß servieren.

Zubereitungszeit: **45 Min. + 1 Std.** Nährwerte pro Person: **908 kcal, 3799 kJ, 49 g EW, 34 g F, 101 g KH**

Linsen mit Spätzle

Kalorien ●●●

Zubereitungszeit ⏱⏱⏱

Zubereitung mittel

Vorbereitung Zubereitung direkt vor dem Servieren

Getränkeempfehlung Rotwein

Eisbein auf Sauerkraut

Für 4 Personen:
2 gepökelte Eisbeine (à ca. 500 g)
3 Zwiebeln
80 g Möhren
80 g Lauch
8 Wacholderbeeren
3 Lorbeerblätter
10 Pfefferkörner
6 Pimentkörner
40 g Schweineschmalz
800 g Sauerkraut (Dose)
200 ml Fleischbrühe
Salz
Pfeffer
500 g mehligkochende Kartoffeln
400 ml Gemüsebrühe
500 g Erbsen
1 Stängel Minze
1 Stängel Basilikum
2 EL Butter

Eisbeine kalt abbrausen. In einem großen Topf mit Wasser bedecken und aufkochen. Dabei ab und zu abschäumen und Hitze reduzieren.

2 Zwiebeln und die Möhren schälen, den Lauch putzen. Gemüse mit der Hälfte des Wacholders, 2 Lorbeerblättern, Pfeffer- und Pimentkörner zugeben. 2 1/2 Stunden köcheln, bis das Fleisch gar ist. Dabei immer wieder abschäumen.

Übrige Zwiebel schälen, halbieren und in feine Scheiben schneiden. Zwiebelscheiben im heißen Schweineschmalz anschwitzen. Sauerkraut abtropfen lassen, zugeben und 5 Minuten anschwitzen, dabei mit einer Gabel lockern.

Übriges Lorbeerblatt und Wacholder zum Kraut geben und Fleischbrühe angießen. Zugedeckt 1 Stunde köcheln lassen. Salzen und pfeffern.

Kartoffeln waschen und in 25 Minuten gar kochen. Gemüsebrühe mit Erbsen, Minze und Basilikum aufkochen. Zugedeckt 5 Minuten köcheln lassen. Erbsen aus dem Sud heben.

Kartoffeln schälen. Mit Erbsen, Butter und etwas Brühe pürieren und salzen. Eisbeine aus der Brühe nehmen. Fleisch von den Knochen ablösen und in Scheiben mit Sauerkraut und Püree anrichten.

Zubereitungszeit: **50 Min. + 150 Min.** Nährwerte pro Person: **833 kcal, 3485 kJ, 67 g EW, 46 g F, 36 g KH**

Eisbein auf Sauerkraut

Kalorien ●●●

Zubereitungszeit ◷◷◷

Zubereitung einfach

Vorbereitung kann gut vorbereitet werden

Getränkeempfehlung
Pils

Nudel-Gemüse-Eintopf mit Rind

Für 4 Personen:
100 g Vollkornspiralnudeln
Salz
250 g Möhren
100 g Petersilienwurzel
200 g Lauch
1 Zwiebel
100 g Erbsen
250 g Hüftsteak
4 EL Rapsöl
Pfeffer aus der Mühle
1 l Rindfleischbrühe
1/2 Zitrone (unbehandelt)
1 Knoblauchzehe
4 Stängel glatte Petersilie

Nudeln in reichlich kochendem Salzwasser nach Packungsanweisung bissfest garen. Danach abgießen, mit kaltem Wasser abschrecken und gut abtropfen lassen.

Möhren und Petersilienwurzel schälen, waschen und in Scheiben schneiden. Lauch putzen, längs halbieren, gründlich waschen und dann quer in Streifen schneiden. Zwiebel schälen und fein würfeln. Erbsen in einem Sieb abbrausen und abtropfen lassen.

Fleisch in kleine Würfel schneiden. 2 EL Öl in einem großen Topf erhitzen. Fleischwürfel darin rundum unter Rühren kräftig anbraten. Mit Salz und Pfeffer würzen, herausnehmen und beiseitestellen.

Restliches Öl in den Topf geben. Zwiebel, Möhren, Petersilienwurzel und Lauch darin andünsten. Mit Brühe ablöschen, salzen und pfeffern. Ca. 15 Minuten bei schwacher Hitze köcheln lassen. Erbsen nach 10 Minuten zugeben und mitkochen.

Inzwischen Zitrone heiß waschen und trocken tupfen. Schale fein abreiben. Knoblauch schälen und sehr fein hacken. Petersilie waschen, trocken schütteln und Blätter hacken. Zitronenschale, Knoblauch und Petersilie in eine Schale geben und gut vermischen.

Fleisch und Nudeln in die Suppe geben und erwärmen. Suppe abschmecken und auf Tellern anrichten. Mit der Zitronen-Knoblauch-Mischung bestreuen.

Zubereitungszeit: **45 Min. + 15 Min.** Nährwerte pro Person: **454 kcal, 1900 kJ, 35 g EW, 27 g F, 19 g KH**

Nudel-Gemüse-Eintopf mit Rind

Kalorien ●

Zubereitungszeit 🕓🕓

Zubereitung einfach

Vorbereitung kann gut vorbereitet werden

Getränkeempfehlung leichter Rotwein

Frikadellen mit Kartoffelsalat

Für 4 Personen:
Für den Kartoffelsalat:
1 kg festkochende Kartoffeln
Salz
250 ml Gemüsebrühe
3 EL Essig, 1 TL Senf
1 Msp. Zucker, Pfeffer
2 Schalotten
50 g Speckwürfel

Für die Frikadellen:
1 altbackenes Brötchen
1 Zwiebel
1 Knoblauchzehe
1 Bd. Petersilie
1 Ei, 1 EL Mehl
400 g Hackfleisch
1 Msp. abgeriebene Zitronenschale (unbehandelt)
1 TL Paprikapulver
Salz, Pfeffer
4 EL Öl
Petersilie zum Garnieren

Für den Kartoffelsalat die Kartoffeln kalt waschen und in reichlich Salzwasser in ca. 25 Minuten gar kochen. Anschließend abgießen und kurz ausdampfen lassen. Dann pellen und in Scheiben schneiden.

Heiße Gemüsebrühe mit Essig mischen, Senf einrühren und mit Zucker und Pfeffer abschmecken. Marinade mit den Kartoffeln vermischen, mit Salz abschmecken und abkühlen lassen.

Schalotten schälen und hacken. Speck in einer Pfanne ohne Fett anrösten, dann Schalotten mitdünsten, bis sie bissfest sind. Die Speckmischung unter den Kartoffelsalat heben.

Für die Frikadellen das Brötchen in lauwarmem Wasser einweichen und anschließend sehr gut ausdrücken. Zwiebel schälen und klein würfeln. Knoblauch abziehen und sehr fein hacken.

Petersilie fein hacken. Brötchen, Zwiebel, Knoblauch, Ei und Mehl mit dem Hackfleisch verkneten. Mit Zitronenschale, Paprika, Salz und Pfeffer würzen. In 8 Portionen teilen und mit angefeuchteten Händen Frikadellen formen. Frikadellen im heißen Öl von beiden Seiten insgesamt ca. 12 Minuten goldbraun braten. Jeweils 2 Frikadellen auf einem Teller anrichten. Kartoffelsalat dazugeben und das Ganze mit Petersilie garnieren.

Zubereitungszeit: **40 Min. + 20 Min.** Nährwerte pro Person: **403 kcal, 1686 kJ, 27 g EW, 26 g F, 16 g KH**

Frikadellen mit Kartoffelsalat

Kalorien ●

Zubereitungszeit 🕐🕐

Zubereitung einfach

Vorbereitung Zubereitung direkt vor dem Servieren

Getränkeempfehlung Bier

Sauerbraten mit Kartoffelklößen

Für 4 Personen:
1 kg Rinderschmorbraten
2 Zwiebeln
4 Gewürznelken
1 Bd. Suppengrün
250 ml trockener Rotwein
100 ml Weißweinessig
1 Lorbeerblatt
1 TL Pfefferkörner
1 TL Wacholderbeeren
40 g Butterschmalz
180 ml Fleischbrühe
3 EL Rosinen
Salz, Pfeffer
Zucker
dunkler Soßenbinder
500 g Kartoffelkloßteig

Das Fleisch kalt abspülen und trocken tupfen, mit Küchengarn in Form binden und in eine Schüssel mit Deckel legen. Zwiebeln schälen und jeweils mit 2 Nelken spicken. Suppengrün putzen, waschen und in grobe Würfel schneiden.

Zwiebeln und Suppengrün mit 11/2 l Wasser, Rotwein, Essig und Gewürzen aufkochen. Abkühlen lassen, über das Fleisch gießen und zugedeckt 3 Tage im Kühlschrank marinieren. Gelegentlich wenden. Fleisch aus der Marinade nehmen und trocken tupfen. Die Marinade durch ein Sieb passieren, 125 ml abmessen und beiseitestellen. In einem Topf das Butterschmalz erhitzen und das Fleisch rundum anbraten. Mit Brühe ablöschen und den Braten bei mittlerer Hitze 2 Stunden schmoren lassen.

Fleisch in Alufolie wickeln und 10 Minuten ruhen lassen. Die abgemessene Marinade in den Topf zur Schmorflüssigkeit gießen, Rosinen zugeben und das Ganze mit Salz, Pfeffer und Zucker würzen. Nach Wunsch mit Soßenbinder andicken.

Reichlich Salzwasser in einem Topf aufkochen. Mit feuchten Händen aus dem Kartoffelteig Klöße formen und diese nach Packungsanweisung garen. Danach warm halten. Sauerbraten in dünne Scheiben schneiden, auf Tellern mit den Kartoffelklößen anrichten und mit Soße übergießen.

Zubereitungszeit: **45 Min. + 3 Tage + 2 Std.** Nährwerte pro Person: **639 kcal, 2674 kJ, 56 g EW, 28 g F, 31 g KH**

Sauerbraten mit Kartoffelklößen

52

Kalorien ●●

Zubereitungszeit 🕒🕒🕒

Zubereitung einfach

Vorbereitung kann gut vorbereitet werden

Getränkeempfehlung trockener Rotwein

53 Rehschnitzel in Kräuterpanade

Für 4 Personen:
4 Scheiben Rehfleisch aus der Oberschale (à ca. 100 g)
100 g Toastbrot
4 Zweige Thymian
6 Stängel Petersilie
3 Stängel Majoran
1 Zweig Rosmarin
2 Eier
250 g Sahne
Salz, Pfeffer
40 g Mehl
150 g Butterschmalz
400 g Pfifferlinge
2 Schalotten
1 Knoblauchzehe
20 g Butter
50 ml Weißwein
1 EL Speisestärke

Das Rehfleisch unter Frischhaltefolie vorsichtig flach klopfen. Werden die Stücke zu groß, halbieren. Toastbrot im Mixer mahlen.

Thymian, Petersilie, Majoran und Rosmarin abbrausen, dann trocken schütteln. Kräuterblättchen hacken und bis auf 2 EL Petersilie zum Brot geben. Eier mit 1 EL Sahne verquirlen.

Schnitzel salzen und pfeffern. Mehl auf einen Teller geben und Fleisch darin wälzen, dann durch die Ei-Sahne-Mischung ziehen und mit der Brotmischung panieren.

Butterschmalz in einer Pfanne erhitzen. Schnitzel darin knusprig braten. Auf Küchenpapier entfetten, dann warm stellen.

Für das Pfifferlingsragout die Pfifferlinge mit Küchenpapier putzen. Schalotten und Knoblauch schälen und fein würfeln. Butter in die Pfanne geben und Pfifferlinge anbraten. Schalotten und Knoblauch dazugeben und ebenfalls anbraten; der Knoblauch sollte aber nicht zu dunkel werden.

2 EL Sahne steif schlagen. Übrige Sahne mit Weißwein zu den Pfifferlingen geben und einkochen lassen. Salzen und pfeffern. Stärke in etwas Wasser glatt rühren und damit bei Bedarf die Soße binden.

Übrige Petersilie zugeben und geschlagene Sahne unterheben. Rehschnitzel auf dem Pfifferlingsragout anrichten.

Zubereitungszeit: **45 Min.** Nährwerte pro Person: **624 kcal, 2611 kJ, 34 g EW, 42 g F, 27 g KH**

Rehschnitzel in Kräuterpanade

Kalorien ●●

Zubereitungszeit 🕐🕐

Zubereitung einfach

Vorbereitung Zubereitung direkt vor dem Servieren

Getränkeempfehlung trockener, fruchtiger Rotwein

Pichelsteiner

Für 4 Personen:
750 g Rindfleisch (aus der Brust)
2 Markknochen
400 g mehligkochende Kartoffeln
1/2 Sellerieknolle
2 Zwiebeln
4 Möhren
2 Petersilienwurzeln
1 Stange Lauch
2 EL Sonnenblumenöl
Salz
Pfeffer aus der Mühle
1 TL Kümmel
1 Lorbeerblatt
500 ml Fleischbrühe

Ofen auf 180 Grad vorheizen. Fleisch abspülen, trocken tupfen und in mundgerechte Würfel schneiden. Mark aus den Knochen lösen und in Scheiben schneiden.

Kartoffeln, Sellerie sowie Zwiebeln schälen und in Würfel schneiden. Möhren und Petersilienwurzeln schälen, putzen, waschen und in Scheiben schneiden. Lauch putzen, waschen und in Ringe schneiden.

Öl in einem ofenfesten Topf erhitzen. Fleischwürfel hineingeben und ringsum anbraten, danach herausnehmen.

Topf vom Herd nehmen. Die Hälfte der Markscheiben auf den Topfboden legen, darauf schichtweise Fleisch, Kartoffeln und Gemüse einschichten. Jede Lage mit Salz, Pfeffer und Kümmel bestreuen. Lorbeerblatt obenauf legen.

Die restlichen Markscheiben auf den Eintopf legen und das Ganze mit der Fleischbrühe übergießen. Den Topf gut verschließen. Dann den Eintopf im vorgeheizten Backofen ca. 90 Minuten garen.

Pichelsteiner nach Ende der Garzeit in vorgewärmten Suppentellern oder -schalen anrichten. Anschließend rasch heiß servieren.

Zubereitungszeit: **35 Min. + 90 Min.** Nährwerte pro Person: **675 kcal, 2824 kJ, 52 g EW, 41 g F, 24 g KH**

Pichelsteiner

Kalorien ●●

Zubereitungszeit 🕒🕒🕒

Zubereitung einfach

Vorbereitung kann gut vorbereitet werden

Getränkeempfehlung kräftiger Rotwein

Kalbsgeschnetzeltes mit Rösti

Für 4 Personen:
500 g Kalbsschnitzel
200 g kleine Champignons
1 Zwiebel
40 g Walnüsse
2 EL Öl
200 ml Kalbsfond
250 g Sahne
Salz
Pfeffer
100 g Wildpreiselbeeren
Petersilie zum Garnieren, gehackt

Für die Rösti:
600 g Pellkartoffeln, am Vortag gegart
1 Eigelb
1 EL Mehl
Salz
30 g Walnüsse
3 EL Butterschmalz

Kalbsschnitzel in Streifen schneiden. Champignons säubern, putzen und je nach Größe vierteln oder halbieren. Zwiebel schälen und würfeln. Walnüsse hacken.

Öl in einer weiten Pfanne erhitzen und das Fleisch darin kräftig anbraten. Champignons und Zwiebel zugeben und mitbraten. Kalbsfond sowie Sahne angießen, dann das Ganze zugedeckt 15 Minuten köcheln lassen.

In der Zwischenzeit für die Rösti die Pellkartoffeln vom Vortag schälen und grob reiben. Mit Eigelb und Mehl vermengen und mit Salz würzen. Walnüsse fein hacken und untermengen.

Butterschmalz in einer beschichteten Pfanne erhitzen. Mit einem Esslöffel die Kartoffelmasse portionsweise hineinsetzen, etwas flach drücken und von beiden Seiten goldbraun braten.

Nach Garzeitende das Fleisch mit Salz und Pfeffer würzen. Preiselbeeren in die Soße einrühren und diese offen leicht sämig einkochen lassen. Anschließend die gehackten Walnüsse zugeben und noch einmal kurz erwärmen. Das Ganze nochmals abschmecken.

Kalbsgeschnetzeltes mit etwas gehackter Petersilie bestreuen. Mit den Rösti auf 4 Tellern anrichten und heiß servieren.

Zubereitungszeit: **50 Min.** Nährwerte pro Person: **640 kcal, 2678 kJ, 37 g EW, 30 g F, 46 g KH**

Kalbsgeschnetzeltes mit Rösti

Kalorien ●●

Zubereitungszeit 🕔🕔

Zubereitung einfach

Vorbereitung Zubereitung direkt vor dem Servieren

Getränkeempfehlung würziger Weißwein

Schweinekrustenbraten

Für 4 Personen:
1 kg Schweinebraten mit Schwarte
3 Knoblauchzehen
1/2 TL Pfeffer
1/2 TL Pimentkörner
1 Gewürznelke
1 TL Majoran
Salz
2 Möhren
2 Zwiebeln
2 Petersilienwurzeln
1 Stange Lauch
400 g Knochen
1 EL Öl
550 ml Fleischbrühe
4 Zweige Majoran
4 Zweige Thymian
1 Zweig Rosmarin

Backofen auf 220 Grad vorheizen. Die Schwarte vom Fleisch mit einem scharfen Messer kreuzweise einritzen. Knoblauch schälen. 1 Knoblauchzehe, Pfeffer, Pimentkörner, Nelke und Majoran mit 1 TL Salz im Mörser zerstoßen. Schweinebraten rundherum damit einreiben.

Möhren, Zwiebeln und Petersilienwurzeln schälen und grob zerteilen. Übrige Knoblauchzehen grob hacken. Lauch putzen, waschen und grob schneiden. Knochen kalt abbrausen und trocken tupfen. Den Boden eines Bräters gut mit Öl fetten. Braten mit der Schwarte nach oben hineinsetzen. Vorbereitetes Gemüse und Knochen sowie 100 ml Wasser zugeben und im Ofen 15 Minuten anbraten.

Anschließend Fleischbrühe angießen und weitere 30 Minuten braten. Ofentemperatur auf 180 Grad herunterschalten und weitere ca. 90 Minuten braten. In der letzten halben Stunde der Garzeit Majoran, Thymian und Rosmarin in die Soße geben. Danach Schweinekrustenbraten herausnehmen und die Temperatur auf 250 Grad hochschalten.

Das Fleisch aus dem Bräter nehmen, die Schwarte mit etwas Salzwasser einpinseln und auf dem Backofengitter im Ofen knusprig bräunen lassen. Inzwischen Knochen aus der Soße nehmen. Soße mit Gewürzen abschmecken und mit dem Soßengemüse zum Braten servieren.

Zubereitungszeit: **45 Min. + 135 Min.** Nährwerte pro Person: **547 kcal, 2289 kJ, 59 g EW, 33 g F, 5 g KH**

Schweinekrustenbraten

Kalorien ●●

Zubereitungszeit ⏲⏲⏲

Zubereitung mittel

Vorbereitung kann gut vorbereitet werden

Getränkeempfehlung Bier

57 Kalbsleber mit Apfel und Zwiebel

Für 4 Personen:

Für das Püree:
800 g Kartoffeln
Salz
2 EL Butter
200 ml Milch, heiß
Muskatnuss, frisch gerieben

Für die Leber:
600 g Kalbsleber
2 säuerliche Äpfel
1 EL Zitronensaft
4 Zwiebeln
4 EL Mehl, Öl
4 EL Butter
1 cl Cognac
100 ml Fleischbrühe
2 EL Sahne
2 Zweige Majoran
Salz, Pfeffer

Backofen auf 100 Grad vorheizen. Für das Püree Kartoffeln schälen, waschen und in Salzwasser ca. 30 Minuten gar kochen. Danach Kartoffeln abgießen und durch eine Kartoffelpresse drücken. Mit Butter und Milch zu einem cremigen Püree verrühren. Mit Salz und Muskatnuss abschmecken.

Leber waschen, trocken tupfen und alle Häute entfernen. In Scheiben schneiden. Äpfel schälen, entkernen und in Scheiben schneiden. Mit Zitronensaft beträufeln.

Die Zwiebeln schälen und in dünne Ringe schneiden, dann mit 2 EL Mehl vermengen. Reichlich Öl in einer Pfanne erhitzen und Zwiebeln darin ca. 1 Minute goldbraun braten. Dann warm halten.

Die Leber im übrigen Mehl wenden. 2 EL Butter in einer Pfanne erhitzen und Leber von jeder Seite 2 Minuten goldbraun anbraten. In eine ofenfeste Form geben und im Ofen auf der mittleren Schiene in ca. 10 Minuten rosa durchziehen lassen.

Den Bratensatz mit Cognac ablöschen. Brühe angießen und Sahne zugeben. Mit Majoran aufkochen und leicht einköcheln lassen. Mit Salz und Pfeffer würzen. Majoran entfernen.

Restliche Butter in die Pfanne geben. Äpfel goldgelb backen. Leberscheiben salzen, pfeffern und mit den Apfelscheiben belegen. Mit Kartoffelpüree und Zwiebeln auf vorgewärmten Tellern anrichten. Mit der Soße beträufelt servieren.

Zubereitungszeit: **45 Min.** Nährwerte pro Person: **696 kcal, 2912 kJ, 39 g EW, 34 g F, 56 g KH**

Kalbsleber mit Apfel und Zwiebel

Kalorien ●●

Zubereitungszeit 🕓🕓

Zubereitung mittel

Vorbereitung Zubereitung direkt vor dem Servieren

Getränkeempfehlung trockener Rotwein

Klassisches Brathähnchen

Für 4 Personen:
1 küchenfertiges Brathähnchen (ca. 1 1/2 kg)
3 EL Speiseöl
Salz
Pfeffer
4 TL Paprikapulver
Cayennepfeffer
4 TL Honig
4 TL Butter für den Bräter

Backofen auf 200 Grad vorheizen. Hähnchen unter fließendem kaltem Wasser innen und außen gründlich waschen und mit Küchenpapier trocken tupfen.

Speiseöl mit Salz, Pfeffer, Paprikapulver, Cayennepfeffer und Honig vermischen. Hähnchen mit der Marinade von allen Seiten bestreichen und innen salzen und pfeffern. Das Hähnchen dressieren und in einen mit der Butter ausgefetteten Bräter legen.

Anschließend im Ofen ca. 90 Minuten braten. Dabei ab und zu mit dem heraustretenden Saft bestreichen. Hähnchen herausnehmen und auf einer vorgewärmten Platte servieren.

TIPP
Lassen Sie, wie bei allen Braten, das Geflügel vor dem Servieren ca. 10 Minuten ruhen, damit sich der Fleischsaft besser verteilen kann und das Geflügel saftiger wird.

Zubereitungszeit: **15 Min. + 90 Min.** Nährwerte pro Person: **832 kcal, 3481 kJ, 104 g EW, 45 g F, 4 g KH**

Klassisches Brathähnchen

Kalorien ●●●

Zubereitungszeit ◷◷◷

Zubereitung einfach

Vorbereitung kann gut vorbereitet werden

Getränkeempfehlung kräftiger Weißwein

Hackbraten

Für 4 Personen:
100 g magerer roher Schinken
500 g Rinderhackfleisch
1 Scheibe Weißbrot
1 Ei
1 Zwiebel
1 große Möhre
2 Salbeiblätter, gehackt
1/2 Bd. Petersilie, gehackt
1 TL Majoranblätter, gehackt
1 TL Thymianblätter
abgeriebene Schale von 1 Zitrone (unbehandelt)
1 TL Kräutersenf
Salz, Pfeffer
20 g Butter
125 ml Fleischbrühe
2 Fleischtomaten

Schinken fein hacken und mit Hackfleisch mischen. Brot kurz in Wasser einweichen, danach ausdrücken und mit dem Ei zugeben. Backofen auf 200 Grad vorheizen.

Zwiebel schälen und hacken, Möhre schälen und fein raspeln. Mit Salbei, Petersilie, Majoran, Thymian und Zitronenschale ebenfalls zum Fleisch geben. Das Ganze zu einem glatten Teig verarbeiten. Mit Senf, Salz und Pfeffer abschmecken. Einen länglichen Laib formen.

Eine Kasserolle mit 10 g Butter ausfetten. Fleisch hineinsetzen und mit restlicher Butter in Flocken belegen. Im Ofen in 30–40 Minuten garen. Nach 15 Minuten Fleischbrühe angießen.

Tomaten oben kreuzweise einritzen und blanchieren. Häuten und ohne Stielansätze und Kerne würfeln.

Hackbraten auf eine Platte heben. Tomaten im Bratenfond kurz durchkochen lassen. Braten in Scheiben schneiden und auf einer vorgewärmten Platte anrichten. Soße getrennt reichen.

Zubereitungszeit: **30 Min. + 40 Min.** Nährwerte pro Person: **439 kcal, 1837 kJ, 34 g EW, 30 g F, 8 g KH**

Hackbraten

Kalorien ●

Zubereitungszeit ◷◷◷

Zubereitung einfach

Vorbereitung kann gut vorbereitet werden

Getränkeempfehlung trockener Rotwein, Bier

Gefüllter Gänsebraten

Für 8 Personen:
- **125 g entkernte Backpflaumen**
- **300 ml Weißwein**
- **500 g säuerliche Äpfel**
- **100 g Schwarzbrot**
- **1 EL Zucker**
- **1 Prise Zimtpulver**
- **50 g Rosinen**
- **1 junge Hafermastgans (ca. 3,5 kg)**
- **Salz**
- **Majoran**

Für die Füllung Backpflaumen klein schneiden und in 50 ml Weißwein einweichen. Die Äpfel waschen, schälen, vierteln, die Kerngehäuse entfernen und das Fruchtfleisch in Scheibchen schneiden. Schwarzbrot reiben und mit Zucker und Zimt vermischen. Äpfel, abgetropfte Pflaumen sowie Rosinen hinzufügen. Alles miteinander vermischen.

Den Backofen auf 190 Grad vorheizen. Gans waschen und trocken tupfen. Innen mit Salz und Majoran, von außen nur mit Salz einreiben. Füllung in die Gans geben und die Öffnung dann mit Küchengarn zunähen.

Die Gans mit der Brustseite nach unten auf den Grillrost einer Bratenpfanne legen. 1 Tasse kochendes Wasser dazugießen und in den Ofen schieben. Nach ca. 1 Stunde Geflügel wenden. Dabei Keulen am unteren Ende mit einer Gabel einstechen, damit das Fett austreten kann.

Das bisher ausgetretene Fett abschöpfen. Gans ab und zu mit Bratensaft begießen. Nach weiteren 2 Stunden Gans herausnehmen.

Die Füllung aus der Gans holen und beides warm stellen. 2 EL der Füllung in den Bratenfond geben, mit dem übrigen Weißwein aufgießen und durchkochen lassen. Die Soße durch ein Sieb streichen und separat zu Gans und Füllung servieren.

Zubereitungszeit: **40 Min. + 3 Std.** Nährwerte pro Person: **1150 kcal, 4812 kJ, 81 g EW, 76 g F, 30 g KH**

Gefüllter Gänsebraten

Kalorien ●●●

Zubereitungszeit 🕒🕒🕒

Zubereitung mittel

Vorbereitung kann gut vorbereitet werden

Getränkeempfehlung würziger Weißwein

Register

compact
via

Bild- und Textnachweis

Albrecht/Südwest Verlag: 32; Arras/Südwest Verlag: 72, 77, 78; California Walnut Commission: 70, 46, 55, 83, 90; Cranberry Marketing Committee: 4; Endress/Südwest Verlag: 14; Feiler/Falken Verlag: 53; Fisch-Informationszentrum: 6, 36; Holz/Südwest Verlag: 67, 73; Krapohl/Falken Verlag: 89; Landesvereinigung der Bayerischen Milchwirtschaft: 5, 15, 19; Newedel/Bassermann Verlag: 20, 25, 30, 31, 59, 60, 81, 84, 86, 87; Newedel/Mosaik Verlag: 13; Photocuisine: 18, 21, 23, 24, 58, 61, 63, 64, 71, 74, 88; Rama: 7; Seiffe/Südwest Verlag: 34, 82; Smend/Südwest Verlag: 9; StockFood: 1, 2, 3, 8, 10, 11, 12, 16, 17, 22, 26, 27, 28, 29, 33, 35, 37, 38, 39, 40, 41, 42, 43, 44, 45, 47, 48, 49, 50, 51, 54, 56, 57, 62, 65, 66, 68, 69, 75, 76, 79, 80, 85; Urban/Südwest Verlag: 52

- **Zubereitungszeit:** von schnell bis zeitintensiv

	🕐	🕐🕐	🕐🕐🕐
Vorspeise	bis 20 Min.	bis 40 Min.	über 40 Min.
Hauptgericht	bis 30 Min.	bis 1 Std.	über 1 Std.
Nachspeise	bis 20 Min.	bis 40 Min.	über 40 Min.

- **Zubereitung:** Es wird angegeben, ob das Gericht einfach zuzubereiten ist, ob es sich um ein mittelschweres Rezept handelt oder ob die Zubereitung schwierig ist.

- **Vorbereitung:** Es wird angegeben, ob das Gericht direkt vor dem Essen zubereitet wird oder ob es sich gut vorbereiten lässt.

- **Getränkeempfehlungen** zu allen Hauptgerichten.

Vanillepudding

Für 4 Personen:
4 Eier
100 g Zucker
1/2 TL gemahlene Vanille
100 g Mehl
700 ml frische Vollmilch

Eier mit Zucker in einer Rührschüssel schaumig schlagen. Vanillepulver und Mehl dazugeben und alles mit den Quirlen des Handrührgerätes verrühren.

Milch zum Kochen bringen und Eiermischung einrühren. Das Ganze unter ständigem Rühren ein paar Minuten offen köcheln lassen.

Das Ganze anschließend vom Herd nehmen und in Dessertschalen füllen. Vor dem Servieren in ca. 1 Stunde vollständig kalt werden lassen.

TIPP
Hervorragend schmecken zu Vanillepudding beispielsweise Himbeer- oder Schokoladensoße.

Zubereitungszeit: **15 Min. + 1 Std.** Nährwerte pro Person: **385 kcal, 1611 kJ, 16 g EW, 13 g F, 51 g KH**

Vanillepudding

Kalorien ●●

Zubereitungszeit 🕓🕓🕓

Zubereitung einfach

Vorbereitung kann gut vorbereitet werden

Bayerische Creme mit Kompott

Für 4 Personen:
Für die Creme:
1 Vanilleschote
6 Blatt weiße Gelatine
3 Eigelb, 40 g Zucker
375 ml Milch
200 g Sahne
Für das Kompott:
1 Zitrone (unbehandelt)
150 g Blaubeeren
150 g Himbeeren
150 g Erdbeeren
40 g Zucker
1 Zimtstange
Minzeblättchen

Die Vanilleschote der Länge nach aufschneiden und das Mark herausschaben. Gelatine in kaltem Wasser einweichen.

Eigelb mit Vanillemark und Zucker in eine Rührschüssel aus Metall geben. Mit dem Schneebesen über einem heißen Wasserbad dick-cremig aufschlagen. Heiße Milch langsam unterrühren.

Die Gelatine ausdrücken, in 3 EL Creme auflösen und dann unter die Creme rühren. Creme in einem kalten Wasserbad kalt schlagen. Sahne steif schlagen und unterziehen, sobald die Eiermilch zu gelieren beginnt.

4 Förmchen kalt ausspülen. Creme einfüllen und abgedeckt im Kühlschrank in ca. 5 Stunden fest werden lassen.

Für das Kompott Zitrone heiß waschen und trocken reiben. Schale dick abschneiden. Beeren verlesen, abbrausen, gründlich abtropfen lassen und nach Bedarf klein schneiden.

100 ml Wasser mit Zucker, Zimtstange und Zitronenschale in einen Topf geben und aufkochen. Beeren dazugeben und 2 Minuten kochen lassen. Dann das Kompott abkühlen lassen. Zimtstange und Zitronenschale entfernen.

Vor dem Servieren die Förmchen mit der Creme kurz in heißes Wasser stellen. Bayerische Creme vorsichtig auf Dessertteller stürzen. Mit dem abgekühlten Beerenkompott anrichten und mit Minzeblättchen garniert servieren.

Zubereitungszeit: **30 Min. + 5 Std.** Nährwerte pro Person: **335 kcal, 1402 kJ, 7 g EW, 19 g F, 33 g KH**

Bayerische Creme mit Kompott

Kalorien ●●

Zubereitungszeit 🕒🕒🕒

Zubereitung schwer

Vorbereitung kann gut vorbereitet werden

Schokoladenpudding

Für 4 Personen:
100 g Zartbitterschokolade
500 ml Milch
1/4 Vanilleschote
2 Eier
50 g Zucker
30 g Stärkemehl
Schokoraspel

Die Schokolade in Stücke brechen. Von der Milch ein wenig abnehmen und den Rest in einen Topf geben. Schokolade sowie aufgeschnittene Vanilleschote hinzufügen und das Ganze unter häufigem Rühren langsam zum Kochen bringen.

Eier trennen. Eiweiß zu Schnee schlagen und kalt stellen. Eigelb mit dem Zucker in einer Rührschüssel schaumig schlagen. Stärkemehl und restliche Milch klümpchenfrei glatt rühren und unter das Eigelb mengen.

Unter Rühren die kochende Schokoladenmilch nach und nach zur Eigelbmischung gießen. Das Ganze in den Topf zurückgeben und einmal kurz aufkochen lassen. Masse von der Kochstelle nehmen und kurz weiterschlagen. Vanilleschote herausnehmen und dann den Eischnee unter die noch heiße Creme ziehen.

Schokoladencreme in 4 Dessertschälchen füllen und ca. 30 Minuten bei Zimmertemperatur abkühlen lassen. Mit Schokoraspeln garniert servieren.

Zubereitungszeit: **20 Min. + 30 Min.** Nährwerte pro Person: **310 kcal, 1297 kJ, 8 g EW, 14 g F, 37 g KH**

Schokoladenpudding

Kalorien ●●

Zubereitungszeit 🕒🕒🕒

Zubereitung mittel

Vorbereitung kann gut vorbereitet werden

Rhabarber-Erdbeer-Kompott

Für 4 Personen:
5 Stangen Rhabarber
250 g Erdbeeren
Mark von 1 Vanilleschote
150 g Zucker
frische Erdbeeren zum Garnieren

Rhabarber waschen, putzen, schälen und in Stücke schneiden. Erdbeeren waschen, putzen, halbieren oder vierteln. Vanilleschote längs aufschneiden und Mark herauskratzen.

Zucker mit 150 ml Wasser und Vanillemark in einen Topf geben. Unter ständigem Rühren zum Kochen bringen. Rhabarber und Erdbeeren dazugeben und das Ganze bei niedriger Temperatur 5 Minuten kochen lassen.

Kompott kalt stellen. Zum Servieren auf Schälchen verteilen und mit frischen Erdbeeren garnieren.

TIPP
Lecker schmeckt zu diesem Kompott ein Vanillepudding oder mit Vanillemark aromatisierte, leicht aufgeschlagene Sahne.

Zubereitungszeit: **20 Min.** Nährwerte pro Person: **189 kcal, 791 kJ, 1 g EW, 0 g F, 43 g KH**

Rhabarber-Erdbeer-Kompott

Kalorien ●

Zubereitungszeit 🕐

Zubereitung einfach

Vorbereitung kann gut vorbereitet werden

65 Birnenkompott

Für 4 Personen:
500 g Birnen
50 g Zucker
1 Päckchen Vanillezucker
1 Zimtstange
3 Gewürznelken
2 EL Zitronensaft

Birnen schälen, halbieren, entkernen und Fruchtfleisch in Spalten schneiden. 250 ml Wasser mit Zucker, Vanillezucker, Zimtstange und Gewürznelken in einem Topf aufkochen.

Birnenspalten dazugeben, das Ganze erneut zum Kochen bringen und Birnen in ca. 10 Minuten weich kochen. Dabei immer wieder umrühren. Anschließend den Zitronensaft unterrühren.

Das Birnenkompott abkühlen lassen. Danach Zimtstange und Gewürznelken entfernen. Kompott in Dessertschalen füllen und servieren.

TIPP
Wenn keine Kinder mitessen, kann ein Viertel des Wassers auch durch Weißwein ersetzt werden. Gut schmeckt das Kompott auch mal zu Kaiserschmarrn.

Zubereitungszeit: **30 Min.** Nährwerte pro Person: **80 kcal, 334 kJ, 1 g EW, 1 g F, 20 g KH**

Birnenkompott

Kalorien ●

Zubereitungszeit 🕒🕒

Zubereitung einfach

Vorbereitung kann gut vorbereitet werden

Beerensuppe mit Schnee-Eiern

Für 4 Personen:
6 Blatt rote Gelatine
1 Zitrone (unbehandelt)
je 150 g Himbeeren, Heidelbeeren, Erdbeeren und Brombeeren
100 g Rote Johannisbeeren
100 ml trockener Rotwein
350 ml Apfelsaft
70 g Puderzucker
2 Eiweiß
1 TL Zitronensaft
1 Prise Salz

Gelatine in kaltem Wasser einweichen. Zitrone heiß waschen, trocken reiben und die Schale in Zesten abziehen. Zitronensaft auspressen. Beeren verlesen, waschen und trocken tupfen. Johannisbeeren von den Rispen zupfen.

Zwei Drittel der Beeren mit Zitronensaft, Rotwein, Apfelsaft und 2 EL Puderzucker fein pürieren. Alternativ Beeren durch ein feines Sieb streichen und mit den übrigen Zutaten vermengen. Gelatine tropfnass in einen Topf geben und unter Rühren schmelzen. 2 EL des Beerenpürees unterrühren und dann das Ganze zum restlichen Püree geben.

Die Beerensuppe auf 4 tiefe Teller oder Schalen verteilen. Mit den übrigen Beeren bestreuen und für ca. 2 Stunden in den Kühlschrank stellen.

Für die Schnee-Eier Eiweiß mit Zitronensaft steif schlagen. Nach und nach den übrigen Puderzucker einrieseln lassen. In einem großen Topf reichlich Wasser mit 1 Prise Salz zum Kochen bringen. Hitze reduzieren. Mit zwei Esslöffeln Nocken vom Eischnee abstechen und diese in dem siedenden Wasser ca. 2 Minuten ziehen lassen.

Die Schnee-Eier auf der gelierten Beerensuppe anrichten. Das Ganze mit den Zitronenzesten garnieren und dann sofort servieren.

Zubereitungszeit: **30 Min. + 2 Std.** Nährwerte pro Person: **288 kcal, 1205 kJ, 4 g EW, 1 g F, 60 g KH**

Beerensuppe mit Schnee-Eiern

Kalorien ●●

Zubereitungszeit ◷◷◷

Zubereitung mittel

Vorbereitung kann gut vorbereitet werden

Milchreis mit Beeren

Für 4 Personen:
1 l Milch
2 EL Butter
1 Prise Salz
100 g Zucker
200 g Milchreis
1 TL Zimtpulver
500 g frische Beeren

Die Milch mit Butter, Salz und 2 EL Zucker erwärmen. Milchreis einrühren, zum Kochen bringen und bei niedriger Temperatur ausquellen lassen. Von Zeit zu Zeit umrühren.

Restlichen Zucker mit Zimtpulver vermischen. Frische Beeren vorsichtig waschen und in einem Küchensieb abtropfen lassen. Milchreis mit Zimtzucker und Beeren anrichten und dann servieren.

TIPP
Milchreis schmeckt warm oder kalt. Auch Apfel- oder Birnenkompott schmeckt hervorragend dazu.

Zubereitungszeit: **20 Min.** Nährwerte pro Person: **641 kcal, 2682 kJ, 13 g EW, 14 g F, 113 g KH**

Milchreis mit Beeren

Kalorien ●●●

Zubereitungszeit ◷

Zubereitung einfach

Vorbereitung kann gut vorbereitet werden

Rote Grütze mit Vanillesoße

Für 4 Personen:
Für die Grütze:
400 g Sauerkirschen (Glas)
500 g frische gemischte rote Beeren
25 g Speisestärke
60 g Zucker
1 Päckchen Vanillezucker
Für die Vanillesoße:
1 EL Speisestärke
1 Eigelb
500 ml Milch
1/2 Vanilleschote
25 g Zucker

Sauerkirschen in einem Küchensieb abtropfen lassen und dabei den Saft auffangen. Falls notwendig, diesen mit Wasser auf 250 ml auffüllen. Frische Beeren waschen und verlesen.

Speisestärke mit 2 EL Wasser anrühren. Kirschsaft, Zucker und Vanillezucker in einem Topf aufkochen. Speisestärke hineingießen, unter Rühren kurz kochen lassen. Kirschen sowie Beeren dazugeben und ebenfalls kurz mitkochen lassen.

Für die Vanillesoße Speisestärke mit Eigelb und 2 EL kalter Milch anrühren. Mark der Vanilleschote auskratzen. Restliche Milch mit Zucker, Vanilleschote und Vanillemark aufkochen. Speisestärke unter Rühren zugießen und kurz aufkochen lassen. Danach Vanilleschote wieder herausnehmen.

Soße während des Erkaltens mehrfach umrühren, damit sich keine Haut bildet. Vanillesoße vor dem Servieren mit dem Handrührgerät schaumig aufschlagen. Kalt oder warm zur Roten Grütze servieren.

Zubereitungszeit: **25 Min.** Nährwerte pro Person: **382 kcal, 1598 kJ, 7 g EW, 7 g F, 70 g KH**

Rote Grütze mit Vanillesoße

Kalorien ●●

Zubereitungszeit 🕐🕐

Zubereitung mittel

Vorbereitung kann gut vorbereitet werden

69 Grießflammeri mit Erdbeeren

Für 4 Personen:
500 ml Milch
2 EL Butter
5 EL Zucker
1 Päckchen Vanillezucker
Salz
80 g Hartweizengrieß
2 Eier
500 g Erdbeeren
50 ml Zitronensaft
1 EL Honig
Zitronenzesten zum Garnieren

Milch, Butter, 3 EL Zucker, Vanillezucker und 1 Prise Salz in einem Topf zum Kochen bringen. Den Grieß einrühren und das Ganze unter Rühren aufkochen lassen.

Den Topf vom Herd nehmen und die Grießmasse 10 Minuten quellen lassen.

Eier trennen und Eigelb mit 2 EL Grießbrei vermischen. Anschließend unter den Rest des Breis rühren. Das Eiweiß steif schlagen und vorsichtig unterheben.

4 Portionsförmchen kalt ausspülen. Den Grießbrei einfüllen, glatt streichen und in ca. 1 Stunde im Kühlschrank fest werden lassen.

Erdbeeren waschen, putzen und mit Küchenpapier trocken tupfen. Je nach Größe halbieren oder vierteln. Bis auf 2 EL Erdbeeren mit Zitronensaft und restlichem Zucker in einem Topf erhitzen, pürieren und leicht eindicken lassen. Mit Honig abschmecken.

Die Grießflammeris auf Dessertteller stürzen und mit Erdbeeren sowie Erdbeersoße anrichten. Mit Zitronenzesten garnieren und dann servieren.

TIPP
Sehr gut passen zu diesem Grießflammeri auch Himbeeren oder, je nach Saison, Orangen.

Zubereitungszeit: **30 Min. + 1 Std.** Nährwerte pro Person: **459 kcal, 1920 kJ, 12 g EW, 15 g F, 65 g KH**

Grießflammeri mit Erdbeeren

Kalorien ●●

Zubereitungszeit 🕒🕒🕒

Zubereitung mittel

Vorbereitung kann gut vorbereitet werden

Bratäpfel mit Walnuss

Für 4 Personen:
4 Äpfel
40 g Walnüsse
4 Löffelbiskuits
1 EL getrocknete Cranberrys
4 EL Apfelsaft
1 Prise Zimtpulver
1 Orange (unbehandelt)
1 Päckchen Vanillesoßenpulver
350 ml Milch
2 EL Zucker
1 Eigelb
4 EL Sahne
Puderzucker zum Bestäuben

Äpfel waschen, Gehäuse mit einem Ausstecher entfernen und die Löcher mit einem Messer etwas vergrößern. Nüsse hacken. Löffelbiskuits zerbröseln und mit Nüssen, Cranberrys, Apfelsaft und Zimt vermengen.

Die Nussfüllung in die Löcher der Äpfel geben und das Ganze in eine Auflaufform setzen. Im auf 200 Grad vorgeheizten Backofen auf der mittleren Schiene 20–25 Minuten backen.

Orange heiß waschen, Schale abreiben und Saft auspressen. Soßenpulver mit 6 EL Milch verrühren. Übrige Milch mit Zucker und Orangenschale aufkochen, Soßenpulver einrühren und unter Rühren einmal aufkochen. Orangensaft mit Eigelb und Sahne verquirlen, dann in die Soße einrühren.

Bratäpfel auf Teller setzen und mit Puderzucker bestäuben. Mit der Soße anrichten und warm servieren.

TIPP

Lecker schmecken Bratäpfel auch mit einer Marzipanfüllung. Dafür 2 Eiweiß steif schlagen und mit 100 g weich geknetetem Marzipan sowie 1 Schuss Rum vermengen. Diese dann wie beschrieben anstelle der Nussfüllung in die Äpfel geben.

Zubereitungszeit: **20 Min. + 25 Min.** Nährwerte pro Person: **313 kcal, 1309 kJ, 6,2 g EW, 14,8 g F, 38 g KH**

Bratäpfel mit Walnuss

Kalorien ●●

Zubereitungszeit ◷◷◷

Zubereitung einfach

Vorbereitung Zubereitung direkt vor dem Servieren

Kirschenmichel

Für 4 Personen:	4 Eier	Salz	120 g Mehl
Butter für die Form	60 g Zucker	250 ml Milch	Puderzucker zum Bestäuben
400 g Kirschen	15 g Vanillezucker	1 cl Rum	

Den Backofen auf 180 Grad vorheizen. Eine Auflaufform mit Butter ausfetten. Kirschen waschen, von den Steinen befreien und in einem Küchensieb gründlich abtropfen lassen.

Eier mit dem Zucker in eine Rührschüssel geben. Mit den Quirlen des Handrührgerätes schaumig rühren.

Vanillezucker mit 1 Prise Salz, Milch und Rum glatt rühren. Mehl mit dem Schneebesen unterrühren und die Eier-Zucker-Masse unterziehen.

Ein Drittel der Masse in die gefettete Form füllen und die Kirschen darauf verteilen. Den Rest der Masse über die Kirschen geben und glatt streichen.

Den Auflauf in den heißen Ofen stellen und auf der mittleren Schiene 40–45 Minuten backen. Nach Ende der Backzeit mit der Stäbchenprobe prüfen, ob der Auflauf gar ist.

Fertig gegarten Kirschenmichel mit Puderzucker bestäuben. Dann den Auflauf heiß servieren.

Zubereitungszeit: **40 Min.+ 45 Min.** Nährwerte pro Person: **398 kcal, 1665 kJ, 14 g EW, 11 g F, 59 g KH**

Kirschenmichel

Kalorien ●●

Zubereitungszeit ⏲⏲⏲

Zubereitung einfach

Vorbereitung kann gut vorbereitet werden

Arme Ritter

Für 4 Stück:
175 ml Milch
Zucker
1 Päckchen Vanillezucker
Zimtpulver
1 EL Rum
150 g altbackenes Weißbrot
40 g Pflaumenmus
1 Ei
2 EL Sahne
30 g Butterschmalz

Milch, 2 EL Zucker und Vanillezucker unter Rühren aufkochen. 1 Prise Zimt und Rum unterrühren. Milch lauwarm abkühlen lassen.

Brot entrinden und in 8 je 1 cm dicke Scheiben schneiden. Rinden zu Bröseln zerkleinern. Eine flache Form mit den Brotscheiben auslegen, Milchmischung darübergießen und 10 Minuten einweichen. Herausnehmen und Brot etwas ausdrücken.

Brot auf die Arbeitsfläche legen. 4 Scheiben mit Pflaumenmus bestreichen. Übrige Scheiben darauflegen und andrücken. Ei mit Sahne verquirlen. Brote zuerst darin und dann in den Bröseln wenden.

Schmalz in einer beschichteten Pfanne erhitzen, die Armen Ritter darin von beiden Seiten goldbraun backen. Arme Ritter mit vermengtem Zimtzucker bestreuen und warm servieren.

Zubereitungszeit: **35 Min.** Nährwerte pro Stück: **337 kcal, 1410 kJ, 8 g EW, 12 g F, 47 g KH**

Arme Ritter

Kalorien ●●

Zubereitungszeit 🕓🕓

Zubereitung einfach

Vorbereitung Zubereitung direkt vor dem Servieren

Apfelpfannkuchen

Für 4 Stück:
8 Eier
200 g Mehl
300 ml Milch
60 g Zucker
Salz
4 Äpfel
Fett zum Ausbacken
Zimt oder Puderzucker zum Bestäuben

Eier, Mehl, Milch, Zucker und 1 Prise Salz zu einem glatten Teig verrühren. Die Äpfel schälen, Kerngehäuse entfernen und das Fruchtfleisch in nicht zu dicke Spalten schneiden.

In einer Pfanne etwas Fett erhitzen. Den Teig portionsweise hineingeben und Apfelspalten darauf verteilen. Die Pfannkuchen bei mittlerer Hitze von beiden Seiten je ca. 4 Minuten backen.

Fertige Apfelpfannkuchen im leicht vorgeheizten Backofen warm halten, bis alle ausgebacken sind. Mit Zimt oder Puderzucker bestäuben und dann die Apfelpfannkuchen rasch warm servieren.

Zubereitungszeit: **30 Min.** Nährwerte pro Stück: **523 kcal, 2188 kJ, 23 g EW, 19 g F, 63 g KH**

Apfelpfannkuchen

Kalorien ●●●

Zubereitungszeit 🕒🕒

Zubereitung einfach

Vorbereitung Zubereitung direkt vor dem Servieren

Rotweinbirnen

Für 4 Personen:
200 ml Rotwein
50 g Zucker
1 Vanilleschote
4 Birnen

Rotwein mit Zucker in einem Topf glatt rühren. Vanilleschote längs halbieren und zugeben. Das Ganze erhitzen, bis die Mischung leise köchelt. Dabei immer wieder umrühren.

In der Zwischenzeit die Birnen so schälen, dass die Stiele an den Birnen stehen bleiben. Die Birnen in den kochenden Wein legen. Vanilleschote aus dem Sud nehmen, Mark auskratzen und dieses zurück in den Wein geben.

Birnen ca. 15 Minuten bei niedrigster Temperatur garen. Dabei die Birnen immer wieder mit der Flüssigkeit übergießen.

Nach Ende der Garzeit die Birnen aus dem Sud heben. So in ein Behältnis legen und mit der Garflüssigkeit übergießen, dass die Birnen vollständig davon bedeckt sind.

Birnen abkühlen lassen und dann im Kühlschrank bis zum Servieren mindestens 4 Stunden ziehen lassen. Zum Anrichten die Birnen in Dessertschalen geben und mit dem gekühlten Rotweinsud übergießen. Dann servieren.

TIPP
Wer mag, aromatisiert den Rotwein noch mit 2 EL Johannisbeerlikör.

Zubereitungszeit: **30 Min. + 4 Std.** Nährwerte pro Person: **145 kcal, 607 kJ, 1 g EW, 0 g F, 27 g KH**

Rotweinbirnen

Kalorien ●

Zubereitungszeit 🕐🕐🕐

Zubereitung mittel

Vorbereitung kann gut vorbereitet werden

Apfelküchlein

Für 4 Personen:
2 Eier
200 ml Bier
75 g Mehl
1 EL Zucker
4 Äpfel
1 Prise Salz
2 EL brauner Zucker
1/2 TL Zimtpulver
Öl zum Frittieren

Eier trennen. Eigelb mit Bier in eine Rührschüssel geben und verquirlen. 50 g Mehl durch ein Sieb darüberstäuben, Zucker zugeben und das Ganze zu einem glatten Teig verrühren. Zugedeckt ca. 30 Minuten quellen lassen.

Die Äpfel waschen. Die Kerngehäuse ausstechen und die Äpfel in ca. 1 cm dicke Ringe schneiden.

Eiweiß mit Salz zu festem Schnee aufschlagen und mit einem Teigschaber vorsichtig unter den Eigelb-Bier-Teig heben. Übriges Mehl auf einen Teller geben. Braunen Zucker und Zimt auf einem weiteren Teller vermengen.

Öl zum Frittieren auf 170 Grad erhitzen. Die Apfelringe im Mehl wenden, dann das überschüssige Mehl abschütteln und einzeln durch den Bierteig ziehen. Portionsweise 2–3 Minuten im heißen Frittieröl ausbacken.

Apfelküchlein mit einer Schaumkelle aus dem heißen Fett heben. Auf Küchenpapier entfetten lassen und anschließend in der Zucker-Zimt-Mischung wenden. Die Apfelküchlein möglichst noch warm servieren.

Zubereitungszeit: **30 Min.**

Nährwerte pro Person: **198 kcal, 828 kJ, 5 g EW, 6 g F, 28 g KH**

Apfelküchlein

Kalorien ●

Zubereitungszeit 🕐🕐

Zubereitung einfach

Vorbereitung Zubereitung direkt vor dem Servieren

Germknödel

Für 4 Personen:
Für den Knödelteig:
300 g Mehl
1/2 Würfel frische Hefe
3 EL Zucker
150 ml Milch, lauwarm
50 g Butter
2 Eigelb
Für die Füllung:
150 g Pflaumenmus
1/2 TL Zimtpulver
Außerdem:
50 g gemahlener Mohn
2 EL Puderzucker
Vanillesoße als Beilage

Für den Teig das Mehl in eine Rührschüssel geben und eine Mulde in die Mitte drücken. Hefe hineinbröckeln, Zucker darüberstreuen und lauwarme Milch darübergießen.

Hefe in der Mulde mit der Milch verrühren. Vorteig zudecken und an einem warmen Ort ca. 20 Minuten gehen lassen.

Butter zerlassen und mit Eigelb zum Vorteig geben. Durchkneten und den Teig nochmals ca. 20 Minuten gehen lassen.

Teig in 4 gleich große Stücke teilen. Kräftig durchkneten, zu Kugeln formen und auf ein Brett legen. Nochmals 20 Minuten abgedeckt gehen lassen.

Inzwischen für die Füllung das Pflaumenmus mit Zimt glatt rühren. Nach Gehzeitende in jede Teigkugel ein Loch drücken und je ca. 2 EL Mus einfüllen. Teigränder zusammendrücken, sodass die Kugeln wieder ganz geschlossen sind. Nochmals 20 Minuten gehen lassen.

In einen breiten großen Topf einen Siebeinsatz legen und den Topfboden mit Wasser bedecken. Dabei unbedingt darauf achten, dass das Sieb nicht im Wasser liegt. Das Wasser zum Kochen bringen. Dann die Germknödel in den Siebeinsatz legen und 15–20 Minuten im Wasserdampf garen.

Mohn mit Puderzucker vermischen. Knödel in tiefen Tellern mit der Mohnmischung bestreuen. Mit Vanillesoße umgießen und heiß servieren.

Zubereitungszeit: **35 Min. + 80 Min. + 20 Min.** Nährwerte pro Person: **617 kcal, 2582 kJ, 17 g EW, 19 g F, 95 g KH**

Germknödel

Kalorien ●●●

Zubereitungszeit ◷◷◷

Zubereitung mittel

Vorbereitung kann gut vorbereitet werden

Aprikosenklöße

Für 4 Personen:
600 g mehligkochende Kartoffeln
Salz
1/2 Päckchen Vanillezucker
60 g Mehl
60 g Hartweizengrieß
1 Eigelb
90 g Butter
Mehl für die Hände
8 feste Aprikosen
8 Würfel Zucker
100 g Paniermehl
1/2 TL Zimtpulver
2 EL Zucker

Kartoffeln waschen und mit Wasser bedeckt in 20 Minuten weich kochen. Abgießen, abschrecken und schälen. Durch die Presse drücken und abkühlen lassen.

Etwas Salz, Vanillezucker, Mehl und Grieß zu den Kartoffeln geben und alles gründlich vermengen. Eigelb und 40 g Butter in Stückchen mit den Händen unter den Teig kneten.

Teig in 8 Stücke teilen und jedes zu einer Kugel formen. Aprikosen waschen, längs aufschneiden und entsteinen. Mit je 1 Zuckerwürfel füllen. Teigkugeln mit bemehlten Händen flach drücken und Aprikosen darin einhüllen. Zu Klößen formen, dabei „Nähte" glatt streichen.

In einem großen Topf leicht gesalzenes Wasser aufkochen. Hitze so reduzieren, dass das Wasser knapp unter dem Siedepunkt bleibt. Klöße ins Wasser geben und in 10–12 Minuten gar ziehen lassen. Aprikosenklöße herausheben.

In einer beschichteten Pfanne die übrige Butter erhitzen und Paniermehl mit Zimt und Zucker goldbraun rösten. Die fertigen Klöße in den Bröseln wenden. Sofort heiß servieren.

Zubereitungszeit: **40 Min. + 30 Min.** Nährwerte pro Person: **586 kcal, 2452 kJ, 10 g EW, 21 g F, 86 g KH**

Aprikosenklöße

Kalorien ●●●

Zubereitungszeit 🕒🕒🕒

Zubereitung mittel

Vorbereitung Zubereitung direkt vor dem Servieren

Dampfnudeln

Für 6 Stück:
500 g Mehl
1 Prise Salz
80 g Zucker
625 ml Milch
1/2 Würfel Hefe
3 Eier
100 g weiche Butter
Mehl für die Arbeitsfläche
1 Vanilleschote
120 g Sahne
3 Eigelb

Mehl, Salz und 30 g Zucker mischen. 250 ml Milch lauwarm erhitzen, Hefe zerbröckeln und darin auflösen. Mit 2 Eiern und 80 g Butter zum Mehl geben. Alles zu einem glatten Teig verkneten. Zugedeckt an einem warmen Ort 30 Minuten gehen lassen.

Teig auf bemehlter Fläche 5 Minuten elastisch kneten. Weitere 30 Minuten gehen lassen. Durchkneten, zu einer 5 cm dicken Rolle formen und in 6 Stücke schneiden. Diese zu Kugeln formen.

In einem großen ofenfesten Topf 250 ml Milch mit 20 g Zucker und übriger Butter verrühren, dann das Ganze lauwarm erhitzen. Die Hefekugeln in den Milchsud setzen und zugedeckt 20 Minuten ziehen lassen.

Backofen auf 180 Grad vorheizen. Topf mit den Dampfnudeln hineinstellen und 35 Minuten garen. Zwischendurch den Topf nicht öffnen, da die Dampfnudeln sonst zusammenfallen.

Vanilleschote längs aufschlitzen und mit dem Rücken eines Messers Mark auskratzen. Schote und Mark, Sahne, die übrige Milch und 15 g Zucker aufkochen. Dann die Schote entfernen.

Eigelb mit dem übrigen ganzen Ei und restlichem Zucker schaumig schlagen. Vanillesahne zugeben und alles über einem heißem Wasserbad cremig aufschlagen. Vanillesoße zu den heißen Dampfnudeln servieren.

Zubereitungszeit: **45 Min. + 115 Min.** Nährwerte pro Stück: **667 kcal, 2791 kJ, 18 g EW, 31 g F, 79 g KH**

Dampfnudeln

Kalorien ●●●

Zubereitungszeit 🕓🕓🕓

Zubereitung mittel

Vorbereitung Zubereitung direkt vor dem Servieren

Kaiserschmarrn mit Apfelmus

Für 4 Personen:
1 kg Äpfel
4 EL Zucker
1 TL abgeriebene Zitronenschale (unbehandelt)
je 1 Msp. Zimt- und Nelkenpulver
100 g Mehl
1 EL Vanillezucker
Salz
125 ml Milch
125 g Sahne, 3 Eier
2 EL Butterschmalz
Puderzucker

Äpfel waschen, vierteln, entkernen und in Stücke schneiden. Apfelstücke mit 3 EL Wasser, 3 EL Zucker, Zitronenschale, Zimt- und Nelkenpulver einige Minuten köcheln lassen, bis die Äpfel weich sind und zerfallen. Abschmecken und beiseitestellen.

Mehl mit übrigem Zucker, Vanillezucker und 1 Prise Salz in einer Rührschüssel vermengen. Milch und Sahne dazugeben und alles mit den Quirlen des Handrührgerätes gut verquirlen.

Eier trennen, Eigelb unter den Teig rühren. Eiweiß mit 1 Prise Salz steif schlagen und vorsichtig unter den Teig heben.

Butterschmalz in einer großen beschichteten Pfanne erhitzen, Teig hineingießen und bei mittlerer Hitze stocken lassen, bis die Unterseite leicht gebräunt ist. Mit 2 Gabeln den Teig in Stücke reißen.

Kaiserschmarrn mit Puderzucker bestäuben und noch warm mit Apfelmus servieren.

TIPP
Das Apfelmus kann auch in einer größeren Menge zubereitet werden. Was nicht gegessen wird, kann dann problemlos eingefroren werden. Apfelmus hält sich tiefgekühlt gut 6 Monate.

Zubereitungszeit: **25 Min.** Nährwerte pro Person: **310 kcal, 1298 kJ, 11 g EW, 27 g F, 5 g KH**

Kaiserschmarrn mit Apfelmus

Kalorien ●●

Zubereitungszeit 🕓🕓

Zubereitung einfach

Vorbereitung Zubereitung direkt vor dem Servieren

Scheiterhaufen

Für 4 Personen:
200 g altbackenes Weißbrot
4 reife Äpfel (unbehandelt)
2 Eier
Salz
300 ml Milch
5 EL Zucker
1 TL Zimtpulver
100 g Butter
100 g Rosinen

Weißbrot in dünne Scheiben schneiden. Die Äpfel waschen und trocken reiben. Die Kerngehäuse ausstechen und Fruchtfleisch quer in dünne Scheiben schneiden.

Eier trennen. Eiweiß mit 1 Prise Salz steif schlagen, Eigelb mit Milch, Zucker und Zimt verquirlen. Eischnee vorsichtig unterheben. Ofen auf 180 Grad vorheizen.

Eine feuerfeste runde Form mit etwas Butter ausfetten. Form mit der Hälfte der Eiermasse befüllen.

Abwechselnd je 1 Scheibe Brot sowie 1 Scheibe Apfel übereinanderschichten. Immer wieder einige Rosinen zwischen die Schichten streuen, die übrigen abschließend über Brot und Äpfel streuen.

Restliche Eiermasse über die Weißbrot-Apfel-Schichten gießen. Kurz ziehen lassen und dann im heißen Backofen ca. 45 Minuten backen.

15 Minuten vor Garzeitende übrige Butter in Flocken auf den Scheiterhaufen geben. Dann den Auflauf aus dem Ofen nehmen und heiß oder kalt servieren.

Zubereitungszeit: **25 Min. + 45 Min.** Nährwerte pro Person: **558 kcal, 2335 kJ, 11 g EW, 28 g F, 65 g KH**

Scheiterhaufen

Kalorien ●●●

Zubereitungszeit 🕒🕒🕒

Zubereitung einfach

Vorbereitung kann gut vorbereitet werden

Quarkstrudel

Für 2 Stück:
185 ml Milch
100 g Butter
90 g Zucker
250 g Mehl
Salz
2 Eier
400 g Quark, abgetropft
125 g Sahne
50 g Sultaninen
Fett für die Form

125 ml Milch, 40 g Butter und 40 g Zucker in einem Topf unter Rühren aufkochen. Abkühlen lassen.

Mehl in eine Schüssel sieben und 1 Prise Salz zugeben. In die Mitte eine Vertiefung drücken, 1 Ei und Milchmischung hineingeben. Von der Mitte her verkneten. In 2 Stücke teilen und zugedeckt an einem warmen Ort 1 Stunde ruhen lassen.

Backofen auf 200 Grad vorheizen. Teigstücke jeweils auf einem sauberen Küchentuch ausrollen und hauchdünn zu Rechtecken ausziehen. Quark durch ein Sieb streichen, mit übrigem Ei, übrigem Zucker, 1 Prise Salz und Sahne verrühren. Sultaninen waschen und trocken tupfen.

Übrige Butter zerlassen und mit einem Teil den Strudelteig bestreichen. Quark darauf verteilen und mit Sultaninen bestreuen. Die schmalen Ränder über die Füllung klappen. Die Quarkstrudel längs aufrollen.

Feuerfeste Form einfetten, Strudel hineinlegen und im Ofen 45 Minuten backen. Ab und zu mit übriger Milch und Butter übergießen. Quarkstrudel warm oder kalt servieren.

Zubereitungszeit: **40 Min. + 1 Std. + 45 Min.** Nährwerte pro Stück: **754 kcal, 3155 kJ, 25 g EW, 35 g F, 83 g KH**

Quarkstrudel

Kalorien ●●●

Zubereitungszeit ◷◷◷

Zubereitung schwer

Vorbereitung kann gut vorbereitet werden

Apfelstrudel mit Mandeln

Für 4 Personen:
200 g Mehl
3 EL Öl
Salz
1 1/2 kg säuerliche Äpfel
Zitronensaft
200 g Sahne
Mehl für die Arbeitsfläche
50 g Butter
50 g gehackte Mandeln
100 g Zucker
Fett für die Form
500 ml Milch
4 Eier

Mehl mit 10 EL Wasser, Öl und etwas Salz zu einem glatten Teig verarbeiten. Mit einem Tuch abdecken und 30 Minuten ruhen lassen.

Äpfel schälen, entkernen, in Scheiben schneiden und mit Zitronensaft beträufeln. Sahne halbsteif schlagen. Backofen auf 200 Grad vorheizen. Teig halbieren und auf einer bemehlten Fläche zu zwei sehr dünnen Rechtecken ausrollen.

Butter zerlassen und zwei Drittel davon auf beide Teigplatten streichen. Sahne darauf verteilen, dabei an den kurzen Seiten 3 cm Teig frei lassen. Äpfel und Mandeln darauf verteilen und mit Zucker bestreuen.

Freie Ränder auf die Füllungen schlagen. Rechtecke längs, mit der Füllung zuerst, aufrollen. Strudel an den Enden zusammendrücken und in eine gefettete Auflaufform legen. Strudel mit übriger Butter bestreichen und 30 Minuten backen. Milch und 1 Prise Salz mit Eiern verschlagen. Über die Strudel gießen und weitere 30 Minuten goldgelb backen.

Zubereitungszeit: **45 Min. + 30 Min. + 1 Std.** Nährwerte pro Person: **1000 kcal, 4184 kJ, 22 g EW, 53 g F, 109 g KH**

Apfelstrudel mit Mandeln

Kalorien ●●●

Zubereitungszeit 🕐🕐🕐

Zubereitung mittel

Vorbereitung kann gut vorbereitet werden

Walnussecken

Für ca. 18 Stück:
Fett für die Form
100 g Mehl
150 g Speisestärke
100 g Puderzucker
125 g Kakao
2 TL Salz
500 g weiche Butter
175 g brauner Zucker
125 ml Honig
50 g Sahne
1 EL Rum
275 g Walnüsse, gehackt

Ofen auf 160 Grad vorheizen. Eine große rechteckige Backform mit Alufolie auslegen, Folie dabei an den Seiten etwas überstehen lassen. Folie einfetten.

Mehl, Stärke, Puderzucker, Kakao und 1 TL Salz vermischen. 250 g weiche Butter zugeben und alles zu einem feuchten und krümeligen Teig verkneten. Teig gleichmäßig in der Form verteilen. Im Ofen 30 Minuten backen.

Übrige Butter, braunen Zucker, Honig und Übriges Salz in einem Topf bei mittlerer Hitze unter Rühren erwärmen. Hitze erhöhen und 3 Minuten kochen. Vom Herd nehmen und kurz abkühlen lassen. Sahne und Rum einrühren.

Nüsse zur Butter-Zucker-Mischung geben. Masse auf dem gebackenen Teig verteilen. Ofentemperatur auf 150 Grad reduzieren und das Ganze 20 Minuten backen.

Form aus dem Ofen nehmen und mindestens 2 Stunden abkühlen lassen, bis der Belag sich gesenkt hat. An den Enden der Folie das Gebäck vorsichtig aus der Backform heben. In Dreiecke schneiden.

TIPP
Bewahren Sie die Walnussecken am besten in fest verschließbaren Blechdosen auf und legen Sie Küchenpapier zwischen die Schichten, wenn Sie sie stapeln.

Zubereitungszeit: **30 Min. + 50 Min. + 2 Std.** Nährwerte pro Stück: **509 kcal, 2130 kJ, 5 g EW, 37 g F, 46 g KH**

Walnussecken

Kalorien ●●●

Zubereitungszeit 🕓🕓🕓

Zubereitung mittel

Vorbereitung kann gut vorbereitet werden

Mohnschnitten

Für ca. 20 Stücke:
450 ml Milch
1 Würfel frische Hefe
170 g Zucker
80 g Margarine
400 g Mehl
1 Päckchen Vanillezucker
1 Prise Salz
300 g gemahlener Mohn
1 Päckchen Vanillepuddingpulver
1/2 TL Zimtpulver
5 Tropfen Bittermandelöl
Butter für das Blech
Mehl für die Arbeitsfläche
50 g Rosinen
40 g gehackte Mandeln
1 Eigelb

200 ml Milch lauwarm erwärmen. Hefe zerbröckeln und mit 1 TL Zucker darin auflösen. Zugedeckt und warm 10 Minuten gehen lassen.

Margarine zerlassen. Mit Mehl, 45 g Zucker, Vanillezucker und Salz in eine Schüssel geben. Hefemilch zugeben und verkneten. Zugedeckt und warm weitere 30 Minuten gehen lassen.

Aus übriger Milch, übrigem Zucker, Mohn, Puddingpulver, Zimt und Bittermandelöl nach Packungsanweisung einen Pudding kochen. Lauwarm abkühlen lassen.

Ein Backblech einfetten. Ofen auf 175 Grad vorheizen. Teig nochmals durchkneten. Zwei Drittel Teig auf einer bemehlten Fläche ausrollen und auf das Blech legen. Zugedeckt 15 Minuten gehen lassen.

Rosinen in einem Küchensieb abbrausen und gründlich mit Küchenpapier trocken tupfen. Rosinen auf dem Teig verteilen.

Mohnmasse auf dem Teig verstreichen und mit Mandeln bestreuen. Restlichen Teig zu Kordeln drehen und darauflegen. Eigelb und 1 EL Wasser verquirlen. Kordeln damit bestreichen. Im heißen Ofen 30 Minuten backen.

Zubereitungszeit: **40 Min. + 55 Min. + 30 Min.** Nährwerte pro Stück: **252 kcal, 1054 kJ, 7 g EW, 12 g F, 29 g KH**

Mohnschnitten

Kalorien ●●

Zubereitungszeit ⏲⏲⏲

Zubereitung mittel

Vorbereitung kann gut vorbereitet werden

85 Pflaumenkuchen

Für ca. 12 Stücke:
1 kg Pflaumen
Butter für die Form
250 g weiche Butter
200 g Zucker
1 Prise Salz
1 Vanilleschote
3 Eier
500 g Mehl
1 Päckchen Backpulver
125 ml Milch

Pflaumen waschen, trocken tupfen und halbieren. Die Steine entfernen. Backofen auf 180 Grad vorheizen. Eine Springform mit Butter ausstreichen.

Butter mit Zucker und Salz schaumig rühren. Vanilleschote längs aufschneiden und das Mark herauskratzen. Vanillemark zur Butter-Zucker-Mischung geben. Weiterrühren und dabei nach und nach die Eier unterrühren.

Mehl mit Backpulver vermengen. Mit der Milch zum Teig geben und das Ganze zu einem festen Rührteig verarbeiten.

Die Hälfte des Teigs in die gefettete Springform geben. Mit der Hälfte der halbierten Pflaumen belegen; dabei sollten die Schnittflächen nach oben zeigen. Den übrigen Teig über die Früchte geben und glatt streichen. Restliche Pflaumen mit den Schnittflächen nach oben darauf verteilen.

Pflaumenkuchen in den heißen Backofen schieben und auf der mittleren Schiene 50–60 Minuten backen. Sollte der Kuchen zu dunkel werden, die Form mit Alufolie abdecken.

Pflaumenkuchen aus dem Ofen nehmen. 10 Minuten ruhen lassen und anschließend aus der Springform lösen. Kuchen auf einem Kuchengitter vollständig auskühlen lassen.

Zubereitungszeit: **35 Min. + 1 Std.** Nährwerte pro Stück: **433 kcal, 1812 kJ, 7 g EW, 20 g F, 56 g KH**

Pflaumenkuchen

85

Kalorien ●●

Zubereitungszeit 🕓🕓🕓

Zubereitung einfach

Vorbereitung kann gut vorbereitet werden

Brombeer-Schmand-Kuchen

Für ca. 20 Stücke:

Für den Teig:
200 g Quark, abgetropft
125 ml Milch, 1 Ei
1 Eigelb
125 ml Öl
200 g Zucker
1 TL abgeriebene Zitronenschale (unbehandelt)
1 Prise Salz
450 g Mehl
10 g Backpulver
Mehl für die Arbeitsfläche
Fett für das Blech

Für den Belag:
400 g Schmand
20 g Vanillezucker
1 TL abgeriebene Orangenschale (unbehandelt)
100 g gehackte Mandeln
1 kg frische Brombeeren

Für die Streusel:
250 g Mehl
50 g gemahlene Mandeln
200 g Zucker
225 g kalte Butter

Außerdem:
125 g Johannisbeergelee
1 EL Obstgeist

Für den Teig Quark durch ein Sieb streichen. Milch, Ei, Eigelb, Öl, Zucker, Zitronenschale und Salz damit verrühren. Mehl und Backpulver unterrühren.

Teig auf einer bemehlten Fläche ausrollen, auf ein gefettetes Blech geben und einen Rand hochziehen.

Schmand mit Vanillezucker und Orangenschale glatt rühren. Den Teig damit bestreichen und gehackte Mandeln darüberstreuen. Brombeeren auf der Schmandmasse verteilen.

Für die Streusel Mehl sieben. Mit gemahlenen Mandeln und Zucker vermengen. Die Butter in Stückchen zugeben. Streusel formen und auf den Beeren verteilen.

Kuchen im 200 Grad heißen Ofen ca. 25 Minuten backen. Anschließen den Kuchen herausnehmen. Johannisbeergelee mit Obstgeist leicht erwärmen und den Kuchen damit überziehen.

Zubereitungszeit: **30 Min. + 25 Min.** Nährwerte pro Stück: **495 kcal, 2071 kJ, 8 g EW, 27 g F, 53 g KH**

Brombeer-Schmand-Kuchen

Kalorien ●●

Zubereitungszeit ◷◷◷

Zubereitung einfach

Vorbereitung kann gut vorbereitet werden

Feiner Apfelkuchen

Für ca. 12 Stücke:
Für den Teig:
250 g Mehl
2 EL Zucker
1 Prise Salz
1 Päckchen Trockenhefe
125 ml Milch
50 g Butter
1 Ei
Für den Belag:
6 Äpfel
3 Eier
200 g Sahne
3 EL Zucker
1 EL Vanillezucker
Puderzucker zum Bestäuben

Mehl mit Zucker, Salz und Trockenhefe vermengen. Milch lauwarm erhitzen und Butter darin schmelzen. Milch-Butter-Mischung mit Ei zu den trockenen Zutaten geben und alles gründlich zu einem weichen Teig verkneten. Ein Handtuch über die Schüssel legen und den Teig 30 Minuten an einem warmen Ort gehen lassen.

Den Boden von einer Tarte- oder Springform mit Backpapier auslegen. Den Teig rasch durchkneten und dann ausrollen. Die Form damit auskleiden und den Teig erneut 30 Minuten gehen lassen.

Backofen auf 180 Grad vorheizen. Äpfel schälen, von den Kerngehäusen befreien und jeden Apfel in 8 Spalten schneiden. Boden mit den Apfelspalten fächerförmig belegen.

Für den Guss Eier mit Sahne, Zucker und Vanillezucker glatt rühren. Diese Masse über die Apfelspalten gießen. Die Tarte in den heißen Ofen schieben und auf der mittleren Schiene 50 Minuten backen.

Nach Ende der Garzeit den Apfelkuchen herausnehmen und auskühlen lassen. Vor dem Servieren mit Puderzucker bestäuben.

TIPP
Für diesen feinen Apfelkuchen eignen sich beispielsweise die Sorten Elstar oder Jonagold.

Zubereitungszeit: **30 Min. + 1 Std. + 50 Min.** Nährwerte pro Stück: **235 kcal, 983 kJ, 6 g EW, 12 g F, 27 g KH**

Feiner Apfelkuchen

88

Kalorien ●

Zubereitungszeit ◷◷◷

Zubereitung einfach

Vorbereitung kann gut vorbereitet werden

Kirschstreusel

Für ca. 12 Stücke:
370 g Sauerkirschen (Glas)
35 g Speisestärke
250 ml Kirschsaft
1 EL Zucker
1 Päckchen Vanillezucker
1–2 EL Kirschwasser

Für den Teig:
200 g Mehl
50 g Speisestärke
1/4 TL Backpulver
1 Eigelb
150 g Zucker
150 g weiche Butter
Fett für die Form

Für die Füllung Kirschen in einem Sieb abtropfen lassen. Speisestärke in einer Tasse mit etwas Kirschsaft verrühren. Den restlichen Kirschsaft mit Zucker und Vanillezucker aufkochen, die Speisestärke hinzufügen und unter Rühren kurz kochen lassen. Kirschen dazugeben und nach Belieben mit Kirschwasser abschmecken.

Backofen auf 200 Grad vorheizen. Für den Teig bzw. die Streusel Mehl, Speisestärke und Backpulver in eine Schüssel geben. Eigelb, Zucker und Butter daraufgeben und mit den Knethaken des Handrührgerätes auf kleinster Stufe so lange gründlich durchkneten, bis sich Streusel bilden.

Eine Springform (26 cm Durchmesser) einfetten. Drei Viertel der Teigkrümel auf den Boden der Form geben und etwas andrücken.

Die Kirschfüllung auf dem Teig verteilen. Den restlichen Teig darüberkrümeln und den Kuchen im Ofen 25–30 Minuten backen.

TIPP

Der Streuselkuchen schmeckt auch mit anderen Obstfüllungen lecker. Beliebt sind Aprikosen oder Äpfel. Bei der Herstellung der Füllung können Sie den Kirschsaft dann durch Aprikosen- oder Apfelsaft ersetzen.

Zubereitungszeit: **30 Min. + 30 Min.** Nährwerte pro Stück: **276 kcal, 1155 kJ, 2 g EW, 11 g F, 39 g KH**

Kirschstreusel

Kalorien ●●

Zubereitungszeit 🕓🕓🕓

Zubereitung einfach

Vorbereitung kann gut vorbereitet werden

Fruchtig-nussiger Käsekuchen

Für ca. 12 Stücke:
180 g Walnüsse
225 g Mehl
230 g Zucker
5 Eier
150 g Butter
Mehl für die Arbeitsfläche
1 kg Magerquark
100 g Sahne
1 Päckchen Vanillepuddingpulver
abgeriebene Schale von 1 Orange (unbehandelt)
150 g Himbeeren
Himbeeren zum Garnieren
Puderzucker zum Bestäuben

150 g Nüsse mahlen, mit Mehl und 80 g Zucker mischen. 1 Ei, Butter in Stücken und 4 EL Wasser zugeben. Mit einem Messer durchhacken, dann verkneten. Boden einer Springform mit Backpapier auslegen.

Hälfte des Teiges auf einer bemehlten Fläche rund ausrollen, Boden der Form damit belegen. Übrigen Teig in Streifen ausrollen und Rand damit auskleiden. Teig andrücken, Boden und Rand zusammendrücken. Boden mehrmals einstechen. Ca. 1 Stunde kalt stellen.

Quark in einem Geschirrtuch gut ausdrücken, mit übrigem Zucker und Sahne verrühren. 2 Eier trennen. Eiweiß steif schlagen. Eigelb, übrige Eier, Vanillepuddingpulver und Orangenschale unter die Quarkmasse rühren. Eischnee und Beeren unterheben.

Die Quarkmasse auf dem Teigboden verteilen. Im auf 175 Grad vorgeheizten Backofen 60–70 Minuten backen. Nach Ende der Backzeit den Ofen ausschalten, den Kuchen abdecken und im Ofen auskühlen lassen.

Übrige Nüsse hacken und rösten. Käsekuchen mit Himbeeren und Nüssen bestreuen und mit Puderzucker bestäubt servieren.

Zubereitungszeit: **35 Min. + 1 Std. + 70 Min.** Nährwerte pro Stück: **472 kcal, 1975 kJ, 19 g EW, 25 g F, 42 g KH**

Fruchtig-nussiger Käsekuchen

Kalorien ●●

Zubereitungszeit ⏲⏲⏲

Zubereitung einfach

Vorbereitung kann gut vorbereitet werden

Register